Petra Gagel

DIE SCHÖNSTEN AUSFLÜGE

CABRIO-ROUTEN

durch die Alpen

J. BERG

Inhalt

Sie lümmeln sich auch am Straßenrand, die bayerischen Kühe. Deshalb: Gas weg auf schmalen Straßen!

Manchmal holprig: der Asphalt. Das tut aber dem Spaß keinen Abbruch.

Ohne Karte sollte man sich nie »on the road« begeben.

Spitzenlagen – die Alpen im Cabrio

Die Sonne im Auto, die Berge am Himmel – Fahrspaß mit allen Sinnen.

Faszination Alpen: Weiße Gipfel, zerklüftete Felsen, rauschende Wasserfälle, kristallklare Bergseen, saftige Weiden, braun gescheckte Kühe, rustikale Bauernhöfe – im größten und höchsten Gebirge Europas gibt es viel zu erfahren.

Auf einer Gesamtlänge von 1200 Kilometern und einer Breite von 200 Kilometern durchziehen die Alpen sechs Länder. Einige dieser Länder werden in diesem Cabrioführer mit ihren attraktivsten Routen vorgestellt.

Mit dem Cabrio im Alpenraum unterwegs zu sein, ist etwas ganz Besonderes. In erster Linie bedeutet es: Genuss! Entlang der Deutschen Alpenstraße riecht man die Blumen und Kräuter der scheinbar unendlich grünen Weiden des Allgäus, in der Zentralschweiz schraubt man sich auf engstem Raum Kehre um Kehre hoch

Viel Seen bei der Spritztour durch die Bergwelt: Aus den Höhenlagen fließt das eisige Wasser in blitzblaue Gewässer.

zu den ewig weißen Gipfeln hinauf. In Südtirol und im Norden Italiens erlebt man auf abenteuerlichen Passstraßen eine unvergleichliche Mischung aus südländischem Charme und alpiner Schroffheit.

Südbayerische Spitzen

Der deutsche Anteil an den Alpen beschränkt sich auf einen schmalen, kaum mehr als 20 Kilometer breiten Streifen im Süden Bayerns. Dieser erstreckt sich zwischen der Schwäbischen Alb, dem Bayerischen Wald und den Nördlichen Kalkalpen.

Bei Garmisch-Partenkirchen ragt der höchste Berg Deutschlands, die Zugspitze (2962 m), steil in die Höhe. Der Streifen beherbergt eine Prachtlandschaft – beidermaßen reich an Natur und Kultur. Die Deutsche Alpenstraße schlängelt sich auf rund 500 Kilometern ausgehend von Lindau bis kurz vor Salzburg durch die sanft geschwungenen Hügel und bizarren Bergkuppen, vorbei an zahlreichen Bergseen.

Grüne Weideflächen, so weit das Auge reicht – und zahlreiche Kulturdenkmäler, wie die Schlösser des Märchenkönigs Ludwig II. oder die Wieskirche im Pfaffenwinkel und das berühmte Kloster Ettal. Dabei erlebt man traditionsreiche bayerische Städte wie

Garmisch-Partenkirchen, Tegernsee und Berchtesgaden mit seinem Salzbergwerk.

Österreich – Land der Berge

Österreich wird nicht umsonst (auch in der Nationalhymne) als das »Land der Berge« bezeichnet: Die Ostalpen nehmen zwei Drittel des gesamten Staatsgebietes ein. In drei, durch Längsfurchen eindeutig unterscheidbaren Zonen durchziehen die Ostalpen Österreich: Das sind die Nördlichen Kalkalpen, die Zentralalpen und die Südlichen Kalkalpen.

Rund um den Dachstein breitet sich das bekannte Salzkammergut aus. Die Landschaft zog mit ihren Reizen auch Kaiser Franz Joseph I. in seinen Bann. Er baute den Kurort Bad Ischl zu seiner Sommerresidenz aus und verlieh damit der Seenplatte rund um Attersee, Traunsee, Hallstätter See, Mondsee und Wolfgangsee mondänen Glanz, der auf den Seepromenaden zwischen Gmunden und St. Gilgen noch immer gegenwärtig ist.

Der bekannteste Teil der österreichischen Berge sind die Zentralalpen. In ihrem Verlauf findet man die höchsten Gipfel, die längsten Gletscherzungen, die schwierigsten Kletterpartien und auch die schönste Alpenflora. Das Kernstück dieser Gebirgsformation ist das so genannte Tauernfenster zwischen Brenner und Matrei. Hier gipfelt auch der höchste Berg der Alpenrepublik, der Großglockner mit 3797 Metern. Westlich des Tauernfensters erstrecken sich die Silvretta und die Ötztaler Alpen.

Ewiges Eis, Täler und Seen – die Schweiz

Die Schweiz, amtlich eigentlich die deutsche Schweizerische Eidgenossenschaft, ist das Land des ewigen Eises. Etwa 100 Gipfel reichen an die 4000-Meter-Grenze heran oder überschreiten sie. Die Dufour-Spitze im Monte-Rosa-Massiv (Kanton Wallis) ist mit 4634 Metern der höchste Berg der Schweiz. In den Höhen von 3000 Metern und mehr bleibt die weiße Pracht zum großen Teil als Dauerschnee liegen.

Charakteristisch für die Schweiz sind auch die Gletscher. Von dem ursprünglichen Eismeer, das vor Jahrtausenden das schweizerische Mittelland vollständig bedeckt hat, sind heute immerhin noch 120 Gletscher übrig. Die Gesamtfläche aller Schweizer Gletscher beträgt 1356 Quadratkilometer. Die Alpen nehmen 60 Prozent des Schweizer Staatsgebiets ein. Sie umfassen die zentralen Alpen und die nördlichen Voralpen.

Unten ist es heiß, oben weiß – und fast ein bisschen kühl: Die Pässe in luftigen Höhen.

Italiens Zacken

Auf der italienischen Seite der Alpen klingt alles noch vertraut deutsch. Die höchsten Gipfel siedeln sich auch in

IM NOTFALL

DEUTSCHLAND:
Pannenhilfsdienst des ADAC unter Tel. 0180/2 22 22 22 (Mobilfunk 22 22 22); Polizei, Tel. 110; Unfallrettung 112.

ITALIEN:
Pannenhilfsdienst des ACI unter Tel. 116 (Handy 8 00 11 68 00); Polizei und Unfallrettung, Tel. 112 (Mobilfunk 112).

ÖSTERREICH:
Pannenhilfsdienst des ÖAMTC unter Tel. 120; Polizei, Tel. 133; Unfallrettung Tel. 144 oder 112 (Mobilfunk 112).

SCHWEIZ:
Pannenhilfsdienst des TCS unter Tel. 140; Polizei 17 oder 117 (Mobilfunk 117 oder 112); Unfallrettung Tel. 144.

MAUTPFLICHT

ITALIEN:
Mautpflicht auf allen Autobahnen. Kassiert wird (pro Kilometer umgerechnet etwa 0,05 Euro) an den Mautstellen an den Abfahrten. Bezahlt werden kann auch mit Kreditkarte oder der Visacard.

ÖSTERREICH:
Mautpflicht auf allen Autobahnen. Die Kosten für Pkws im Jahr 2006 betragen
für ein Jahr 72,60 Euro,
für zwei Monate 21,80 Euro,
für zehn Tage 7,60 Euro.
Die Vignet-ten sind an der Grenze, bei Tankstellen, Postämtern und Automobilclubs erhältlich.

SCHWEIZ:
Autobahnen dürfen nur mit einer gültigen Vignette befahren werden, erhältlich als Jahres-Vignette für 40 Schweizer Franken an der Grenze, bei Tankstellen, Postämtern, Werkstätten und Automobilclubs.

Südtirol an. Richtung Gardasee und Venetien laufen sie langsam aus. Wenn man vom italienischen Teil der Alpen spricht, dann meint man gemeinhin die Dolomiten. Sie sind ein Teil der südlichen Kalkalpen, die zwischen den Flüssen Eisack, Etsch und Piave verlaufen. Die höchste Erhebung in den Dolomiten ist die Marmolada mit 3342 Metern, bekannt ist auch der knapp 3000 Meter hohe Rosengarten. Die weißen Spitzen der Dolomiten erlebt man auf der Großen Dolomitenstraße von Bozen nach Cortina d'Ampezzo, einer 110 Kilometer langen Panoramastrecke. Die Straße war ein Geschenk der Bewohner an Kaiser Franz Joseph I.

Reisezeit

Touren in den südlichen Teil der Alpen sind bereits ab April möglich – ebenso eine Fahrt entlang der Deutschen Alpenstraße, auf der man relativ weni-

ge Höhenmeter zurücklegt. Die nördlichen Routen in der Schweiz, Österreich und Italien sind nicht vor Mai empfehlenswert, da es in den höheren Lagen noch unangenehm kühl sein kann und Straßen wegen Schnee noch nicht befahrbar sind. Die Cabrio-Saison geht mit dem Oktober zu Ende (s. Öffnungszeiten der Pässe).

Pässe

Fernpass, Radstädter Tauern, Katschbergpass, Malojapass und Passo Pordoni sind ganzjährig geöffnet. Timmelsjoch, Passo San Bernardino, Passo dello Spluga von Juni bis Oktober befahrbar, Oberalppass von Mai bis November und Passo dello Lucomagno von Juni bis 11. November.

Achtung: Aufgrund von sich plötzlich verändernden Witterungsumständen können sich die Passöffnungszeiten verändern. Informieren Sie sich deshalb stets vor Reiseantritt! Auskunft im Internet unter www.ace-online.de/touristik.

Da freut sich das Auge: Bayerische Prachtlandschaft mit unendlichen Weiden, Zwiebelturm-Spitzen und den Alpen.

Viel Seen!

Zwischen den grünen Wiesen leuchtet es immer wieder blau oder smaragdgrün: das Seenland.

Durch das oberbayerische Gewässerland bis nach Österreich – südlich von München öffnet sich ein Viel-Seen-Land: vom kleinen, unberührten Riegsee über die Promi-Badewanne Starnberger See bis zum Gebirgsgewässer Achensee.

Die kleine Stadt Starnberg kennt nicht nur jeder Münchner. Der Ort, der knapp 20 Kilometer südlich der Landeshauptstadt gewachsen ist, ist vor allem wegen seines Sees bekannt – und wegen seiner Stars und Sternchen, die dort eine Villa mit Blick auf das 21 Kilometer lange Gewässer besitzen.

Nicht dass man Heiner Lauterbach beim Weinschlürfen auf der Veranda zuwinken könnte – zu sehen gibt es dennoch viel von Starnberg bis Seeshaupt. Am Ortsende von Starnberg muss man aufpassen, schließlich will

Pause! Auf einer Bank kann man sich von der Ruhe des Kochelsees verzaubern lassen.

man ja direkt am Wasser entlang fahren. Um auf die schmale Landstraße zu gelangen, muss man sich Richtung Feldafing halten. Auf der Fahrt bis zur Uferstraße wird man unfreiwilligerweise Voyeur: Unwiderstehlich ziehen die opulenten Häuser die Blicke an. Die Straße wird zur Nebensache, Anwesen, die hinter Hecken und Bäumen verborgen sind, regen die Phantasie an. Wer hier wohl wohnen mag? Auch wenn niemand Bekanntes zu erspähen ist, lohnt es sich, die ausgefallene Architektur der Bauwerke zu bewundern.

Sonnenhungrige auf Holzstegen

Auf der Seestraße entfernt man sich Kilometer um Kilometer vom Starnberger Schick. Als wäre der See ebenfalls etwas Exklusives, zeigt er seine Oberfläche von hier aus nur selten. Zwischen den Bäumen hindurch erhascht man hin und wieder einen Blick auf das glitzernde Wasser und viele Sonnenhungrige, die es sich auf Holzstegen bequem gemacht haben.

Besonders an heißen Tagen ist die Fahrt entlang der Westseite des Starnberger Sees sehr angenehm. Man

TIPP

Idyllisch von München nach Starnberg kommen: Ab München-Fürstenried (A 95) über Neuried und Gauting auf gemütlicher, kleiner Straße. Von dort ist auch ein Abstecher zum 1455 gegründeten Kloster Andechs mit eigener Brauerei möglich.

Schon ganz verwittert, das Hinweisschild: Auf Wald- und Wiesenwegen nach Aidling.

manövriert das Cabrio durch sich windende Laubwald-Gassen. Der Schatten sitzt mit im Wagen, die Sonne malt nur gelbe Flecken auf die Köpfe der Insassen. Auf eine Mütze als Schutz vor der Sonne kann man hier gut verzichten.

Tutzing ist mehr als 1200 Jahre alt. In einem prächtigen, sich zum Seeufer hinziehenden Park liegt das Tutzinger Schloss. Hier auf dem Land erlebt man noch echtes bayerisches Brauchtum. Blauweiß geringelt wachsen die Maibäume im Ortskern in die Höhe. Die Fenster der mit Holz überladenen Häuser sind mit Malereien umrandet – ein heimeliges und uriges Bild, wie es auch die Biergärten vermitteln. Bei Sonnenschein sind die Plätze unter Kastanien und Sonnenschirmen immer gut besetzt. Bei einem Glas Weißbier genießt man die bayerische Gemütlichkeit.

21 kleine Wasserbecken

In Seeshaupt hat man die südliche Spitze des Sees erreicht. Ein neues Gewässer will entdeckt werden. Im Fall der Osterseen sind das 21 kleine

Noch richtig unberührt: der Riegsee.

Wasserbecken, die sich in der Nähe von Iffeldorf ausbreiten. Mit dem Auto kann man allerdings nicht direkt bis an die Ufer fahren. Das gesamte Gebiet steht unter Naturschutz. In Iffeldorf besteht die Möglichkeit, den Wagen abzustellen und in 15 Minuten zur Seenlandschaft zu wandern.

Wer lieber den Fuß auf dem Gaspedal lassen will, wird auch auf der weiteren Strecke von der Landschaft verwöhnt. Was nicht geteert ist, leuchtet in sattem Grün mit bunten Punkten, denn die Dörfer sind von riesigen Weideflächen umgeben, auf denen pinkfarbener Klee neben gelben Butterblumen blüht.

Das nächste kräftige Blau naht bereits. Über Antdorf, Habach und Aidling (Richtung Murnau) erreicht man den Riegsee. Kaum breiter als das Cabrio ist die Straße, die durch hügeliges Land dorthin führt. Vor der Motorhaube treibt man immer wieder Rennradfahrer her, auf ihren schmalen Reifen treten sie mit beachtlicher Geschwindigkeit den Berg hinauf.

TIPP

Seehof-Wasserfall: Beim Hotel Achenseehof (östlich der Bundesstraße, bei Achenkirch) dem Schild »Wasserfall« folgen. 15 Minuten Gehzeit zum größten Wasserfall Achenkirchs.

Der kleine Riegsee hat schon allein deshalb einen besonderen Reiz, weil er nur von Schilf und Gras umgeben ist. Er ist gerade mal einen Kilometer breit und 2,5 km lang, gespeist wird er aus unterirdischen Quellen. Man fährt den See von Norden nach Süden entlang, bis Murnau auftaucht, bekannt für das Kandinsky-Haus.

Egal, ob per Schiff oder Cabrio: am Achensee entlang.

Smaragdgrünes Wasser

Von hier aus ist es nicht mehr weit zum Kochelsee. Während der Riegsee menschenleer war, ist man in Kochel immer in Gesellschaft. Auf der Promenade entlang des Gebirgssees laufen Pärchen Hand in Hand, stählen Fahrradfahrer vor schöner Seekulisse ihre Muskeln. Von den Bänken an der Uferpromenade blickt man hinauf zur Kesselberghöhe, hinter der sich der Walchensee verbirgt.

Der 36 Kurven über Kochel gelegene See ist doppelt so groß wie sein Nachbar, der rund 200 Höhenmeter unter ihm liegt. Auf der sechs Kilometer langen Kesselbergstraße darf man das Lenkrad kräftig drehen.

Der Walchensee ist der größte und mit 192 Metern auch der tiefste Bergsee Deutschlands. Im smaragdgrünen Wasser spiegeln sich die Berge ringsherum. Blickt man direkt auf die Oberfläche, sieht man durch das klare Wasser bis auf den Grund. Selbst in den Sommermonaten gehört zum Sprung ins kühle Nasse eine gute Portion Überwindung. Über dem See thront der Herzogstand, der mit einer Gondel zu erreichen ist. Aus 1800 Metern lässt sich das Seenland prima überblicken und noch eine Spur reinere Luft atmen.

Auf schmaler Straße durch den Wald

Ein Fahr-Leckerbissen bahnt sich hinter Wallgau an: eine Privatstraße, die entlang der Isar bis nach Vorderriß führt. Schon bevor man das Kassenhäuschen erreicht, wird es eng. Man muss in Hofeinfahrten ausweichen,

Einen »Drive-in« gibt es am Achensee noch nicht. Für einen Zwiebelrostbraten und eine kühle Halbe sollte man etwas Zeit mitbringen.

um den Strom der Genuss-Fahrer vorbei zu lassen. Die zu zahlende Gebühr lohnt sich. Auf einer schmalen Straße durchquert man ein Waldstück. Lichtet sich das Gehölz, kann man den Lauf

Für Verliebte wie geschaffen, die idyllischen Seen.

der Isar verfolgen, die ein breites Kiesbett umgibt. Man passiert kleine Holzbrücken mit dem Namen »Sausender Graben«. Manchmal muss man bei Gegenverkehr so weit rechts fahren, dass man die Blätter von den Büschen pflücken könnte. Auf dem breiten Isar-Kiesbett aalen sich Dutzende von Menschen und blinzeln in die erste Frühlingssonne.

Nah am Wasser: Nur die Leitplanke trennt vom kühlen Nass.

Ab Vorderriß wird die Straße wieder breiter. Mit 100 km/h kann man hier bequem am Sylvensteinstausee vorbeirauschen. Parkplätze laden aber auch zu einer kurzen Rast ein, wenn man Lust hat, die grün schillernden Schattierungen des Wassers zu betrachten. Spätestens bei der Fahrt auf der Brücke mitten über den See, kann man nach links und rechts

den Blick auf das riesige Gewässer schweifen lassen.

Den See immer vor Augen

Das nächste Ziel ist der Achensee. Zum ruhenden Gewässer hin geleitet der Achenbach das Cabrio nach Österreich. Die Straße auf das Karwendelgebirge zu ist so angenehm zu fahren, dass man in Windeseile das Blau des Wassers leuchten sieht. Das Karwendel ist mit 730 Quadratkilometern das größte, geschlossene Naturschutzgebiet Europas. Entlang des Rofangebirges kann man den Achensee auf einer gut ausgebauten Straße umrunden – ohne dass man den See aus den Augen verliert. In Maurach lässt man den See hinter sich und steuert auf das Inntal zu.

Es glitzert so verführerisch, man möchte am liebsten sofort eintauchen. Doch besonders warm sind die Bergseen nicht.

Die Route

ETAPPEN:

Starnberg – Feldafing – Tutzing – Seeshaupt – Iffeldorf – Antdorf – Habach – Aidling – Riedsee – Murnau – Kochel am See – Walchensee – Wallgau – Vorderriß – Fall – Achenkirch

ANREISE:

Ausgangspunkt Starnberg: ab München A 95 Richtung Garmisch-Partenkirchen bis Ausfahrt Starnberg.

LÄNGE: ca. 120 km

DAUER: 1–2 Tage

INFORMATION

Tourismusverband für München und Oberbayern
Postfach 600320
81203 München
Tel. 089/82 92 18-0
www.oberbayern.de

Österreich Werbung
Mannheimer Str. 15
60329 Frankfurt
Tel. 069/24 24 25 24
Fax 069/25 07 41
www.austria.info.at

UNTERKUNFT

Achenkirch
Fischerwirt am Achensee ***
Nr. 15, A-6215 Achenkirch
Tel. 0043/5246/62 58
Fax 0043/5246/68 88 14
E-Mail : fischerwirt@achensee.tirol.at Internet: www.fischerwirt-achenkirch.com
Wellnesshotel mit Seeblick.

ESSEN & TRINKEN

Im Oberbayerischen ist die Küche deftig: Weißwürste mit süßem Senf und Brezn, dazu Weißbier oder Leberkäs und Kartoffelsalat, Presssack sauer, Obazda (Camembert mit Butter, Zwiebel, Paprika), Schweinsbraten mit Knödel und Sauerkraut. Die Süßspeisen sind bekannt: von Apfelstrudel über Kaiserschmarrn, von Germknödel bis Kücherl.

SEHENSWÜRDIGKEITEN

Herzogstandbahn Walchensee
Die Gondel fährt täglich 8.45–16.45 Uhr auf den Fahrenbergkopf auf 1627 Meter. Eindrucksvoller Rundblick auf Berge und Seen.

Bernried: Buchheim Museum
Am Hirschgarten 1
82347 Bernried
Info-Telefon: 08158/99 70 60
Tel: 08158/99 70 0; Fax: 99 70 61

Kurvenreich schmiegen sich die Straßen an die Seen.

E-Mail: info@buchheimmuseum.de
Öffnungszeiten:April–Okt.: Di–So und an Feiertagen: 10–18 Uhr; Nov.–März: Di–So und an Feiertagen: 10–17 Uhr

Murnau
Mit 36 km² größtes Moorgebiet in Bayern, vom Zentrum aus führt ein zwölf Kilometer langer Rundweg durch die Moos-Landschaft.

Schlehdorf
Freilichtmuseum Glentleiten,
30 ländliche Bauten, Bauernhäuser, Mühlen, Scheunen, kleine Kapelle etc. zeigen Lebensbedingungen des 19. Jahrhunderts, geöffnet: April–Okt., Dienstag–Sonntag 9–18 Uhr (Einlass bis 17 Uhr), Auskunft Tel. 08851/1 85 10

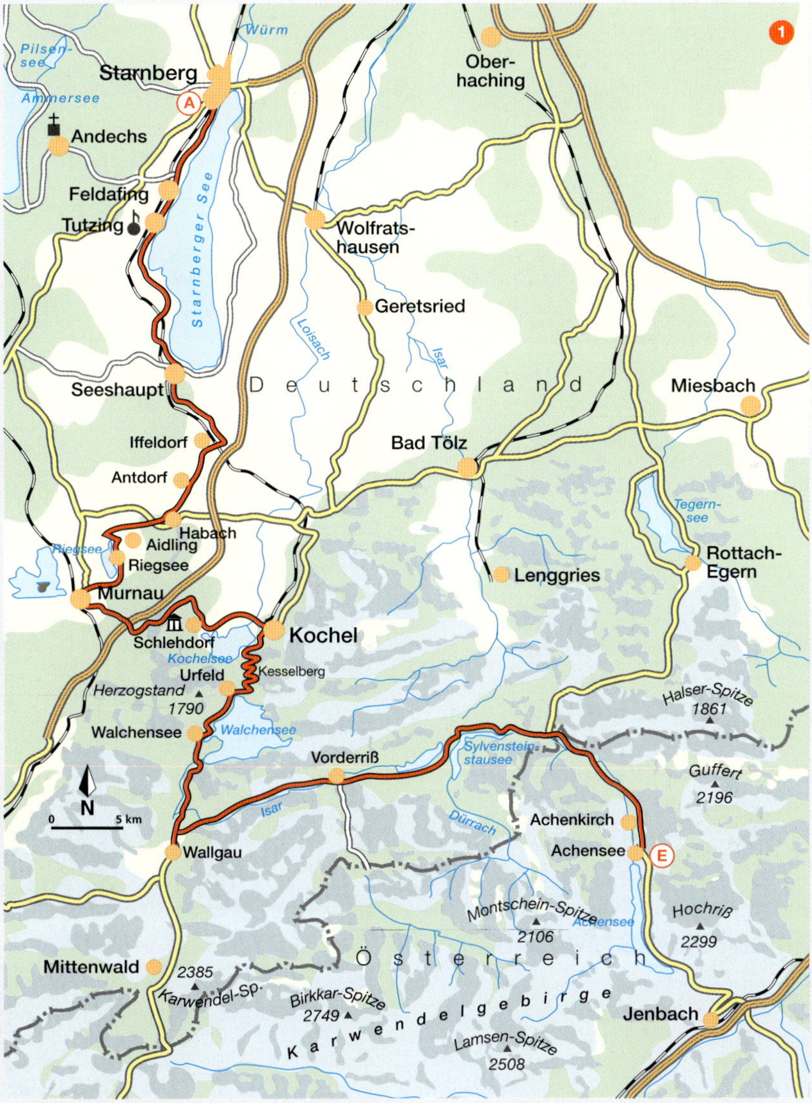

Die unendlichen Weiden

Die deutsche Alpenstraße: Berge und Wiesen, wohin man nur blickt.

Deutsche Alpenstraße – rund 500 Kilometer von Lindau bis Berchtesgaden: Knackige Kurven lassen die Hände kribbeln, Wiesenkräuter duften, die ersten Berge thronen über den Weiden. Kühe, wohin das Auge blickt.

Kulturdenkmäler wie die berühmten Schlösser von König Ludwig II. machen Lust auf Zwischenstopps. Für Cabrio-Fahrer ist die Deutsche Alpenstraße sozusagen ein Autokino der Extraklasse. 1937 wurde sie als eine der ersten Touristenstraßen gebaut. Kurz hinter Lindau beginnt das Open-Air-Vergnügen. Die B 308 schaukelt sich durch ein Waldstück auf eine Höhe von 400 Metern. Der Himmel besteht aus Bäumen und ohne Verdeck ist es selbst im Sommer ein bisschen kühl. Nach 15 Minuten Kurventraining lichtet sich der Wald, die Straße schlän-

Bei Garmisch werden die Weiden flacher, die Berge dafür um so höher.

gelt sich nun in sanften Windungen nach Scheidegg. Im Ort sind die ersten bunt bemalten Häuser mit der für die Region traditionellen Schindelverkleidung zu sehen.

Bis Oberstaufen sollte man nun das Gas etwas zurücknehmen und gemütlich durch die knalliggrüne Prachtlandschaft mit wunderschönen Ausblicken in kleine Täler cruisen. Dabei passiert man das Bergstädtchen Lindenberg. Im 19. Jahrhundert ging es hier hoch her: »Klein Paris« nannte man den Ort, in dem Strohhüte entworfen und hergestellt wurden, die zu Weltruf gelangten.

Heu-Duft kitzelt die Nase

Bis Weiler hat man den Duft von getrocknetem Heu in der Nase. Wie Iglus aus gedörrtem Gras stehen die fahlgrünen Haufen nebeneinander. Eine Weide weiter zermalmen braunweiß gescheckte Kühe die frischen Kräuter zwischen ihren Zähnen. Die Allgäuer wissen um ihr Idyll und setzen dies auch zur Genesung Stressgeplagter ein. In Weiler wurde 1428 eine Heilquelle gefunden. Dort und in dem Heilbad Oberstaufen wird nach den Lehren Kneipps und des schlesischen Naturarztes Johann Schroth kuriert.

Am Tal der Weißach entlang führt die Tour über die Riedberg-Passstraße bis Immenstadt. Bis zum 19. Jahrhundert war es für seine Leinwand bekannt, dann zerstörte die billige Baumwolle aus den Kolonien den Allgäuer Tuchmarkt. Bekannt ist die 14 000 Einwohner zählende Stadt heute für ihren Hausberg, den »Mittag« (1450 Meter), der mit Deutschlands längstem Sessellift zu »erklimmen« ist. Von oben bietet sich ein toller Blick auf den Alpsee.

Weiter geht es nach Sonthofen. Wenn man den Fahrtwind nicht zu sehr pfeifen lässt, hört man das Geläut der Blechglocken: immer wieder grasende Kühe, die den Autofahrern gelangweilt nachblicken; sie geben die Milch, die das Allgäu so berühmt gemacht hat: für seine bunten Käseecken, den herzhaften Hartkäse, Butter oder Joghurt. Die Milchwirtschaft gehört zu den wichtigsten Erwerbsquellen der Allgäuer Bevölkerung.

Sonnengelbe Kapellen

Sonthofen, die südlichste Stadt Deutschlands, ist das Industriezentrum der Region. Dementsprechend lieblos ist die Architektur – Bausünden aus der Wirtschaftswunderzeit. Dahinter breitet sich hingegen idyllisch das Ostrachtal bis zum kleinen Ferienort Hindelang aus: Schmucke Bauernhäuser und sonnengelb gestrichene Kapellen mit Zwiebeltürmen fliegen vorbei. Eiskalte Sturzbäche prasseln von den Höhen ins Kesseltal, wo sonst im Winter Skifahrer hinuntersausen. Einen wunderbaren Ausblick auf das Tal hat man von der »Kanzel«, einem Aussichtspunkt an der Oberjochpassstraße. Sie windet sich hinter Hindelang 106 satte Kurven auf 1000 Meter hinauf.

Früher wurden hier Autorennen ausgetragen, heute ist auf der gesamten Strecke Überholverbot. In Oberjoch biegt man auf die B 310 ab. Sie führt vorbei am Grüntensee, durch Nesselwang hindurch in den Königswinkel nach Füssen.

Obwohl die historische Altstadt auch einen Besuch wert wäre, strömen die meisten weiter ins nahe Schwangau. Hoch oben auf dem Felsen thront das blütenweiße Königsschloss Neuschwanstein, gegenüber das gelbfarbene Hohenschwangau.

Die Landschaft lädt zu herrlichen Wanderungen ein.

Im Sonnenlicht leuchtet Hohenschwangau.

Der Königswinkel bietet sich auch zu einem Sprung ins kühle Nass an, zum Beispiel in den Forggensee (viertgrößter See Bayerns), Weißensee oder in den Bannwaldsee, der direkt an der B 17 Richtung Steingaden liegt. Die Bundesstraße ist nicht nur ein Teil der Deutschen Alpenstraße, sondern auch der Beginn der Romantischen Straße, die von Füssen nach Würzburg führt.

Schnaps und Bergkäse

An der Strecke locken Holzschilder die Touristen: Ferienwohnungen und Zimmer, Schnaps und Honig, Bergkäse und Blumen werden angeboten. Der Fremdenverkehr ist hier eine wichtige Einnahmequelle. In Steingaden hält man sich in Richtung Echelsbacher Brücke und Oberammergau. Die Strecke wird Kurven-Fetischisten kaum befriedigen, Kulturhungrige schon. Im Pfaffenwinkel ist die Wieskirche zu besichtigen. Sie ist eine der prächtigsten Schöpfungen des schwäbisch-bayerischen Rokokos. Auch das berühmte Kloster Ettal liegt auf dem Weg.

Wer mehr Action in sein Getriebe bringen will, kann kurz vor Ettal die B 23 verlassen und Richtung Schloss Linderhof/Reutte in Tirol fahren – auch gelangt man so nach Garmisch-Partenkirchen, allerdings ist man drei Stunden länger unterwegs. Bis Linderhof müssen die Hände kräftig ins Lenkrad greifen, um den Wagen durch die schöne Gebirgslandschaft zu

Sie geben die Milch für den berühmten Allgäuer Käse.

TIPP

Im Hutmuseum Lindenberg lässt sich die Geschichte der Allgäuer Kopfbedeckungen zurückverfolgen:
Adresse:
Hirschstr. 6,
Tel. 08381/30 11,
Öffnungszeiten:
Mittwoch 15–17.30 Uhr
und Sonntag 10–12 Uhr.

manövrieren. Am Schloss vorbei kann man über den Ammersattel entlang des Plansees auf einer sich reizvoll windenden Strecke nach Reutte in Tirol fahren. Von dort gelangt man über Lermoos nach Garmisch, der Kreisstadt im Schatten der Zugspitze. Hier lohnt sich sowohl von Grainau aus ein Abstecher auf den höchsten Berg Deutschlands als auch eine Wandertour durch die bekannte Partnachklamm.

Aus Garmisch hinausfahrend folgt man der Beschilderung Brenner, Innsbruck, Mittenwald (B 2). In Krün biegt man auf die B 11 Richtung Wallgau ab. Der kleine Ferienort kurz vor dem Karwendelgebirge faszinierte schon Goethe auf seiner italienischen Reise; er nächtigte hier. Die Fensterläden der Bauernhäuser leuchten grün, von den Holzbalustraden baumeln üppig blühende Geranien. In Filzhut und Janker gehen die Bewohner zur Dorfmesse. Hinter Wallgau biegt man auf die kleine Mautstraße nach Vorderriß ab.

Die geringe Gebühr lohnt sich: Man erspart sich nicht nur den Umweg über Bad Tölz, sondern erlebt eine schöne Route entlang der Isar. Auf der engen Straße sollte man das Gas wegnehmen – wegen des Gegenverkehrs, aber auch um den würzigen Waldduft einzuatmen, die Isar rauschen zu hören und um ihr glitzerndes Kiesbett zu verfolgen.

In Vorderriss lohnt sich ein Abstecher in die Eng mit ihrem berühm-

Ein Kulturdenkmal nach dem anderen (hier Kloster Ettal).

ten Ahornboden, Ausgangspunkt für zahlreiche Bergtouren in das Karwendel. Dann geht es auf die B 307, eine breite, gut ausgebaute Straße.

Schnell ist das nächste Highlight da: der Sylvensteinstausee. Smaragdgrün liegt das Wasser zwischen den Bergen, man fühlt sich an skandinavische Fjordlandschaften erinnert. Keine Spur von dem Dorf Fall auf dem

In Berchtesgaden kommen deftige Speisen auf den Tisch.

Grund des Sees, das einst in den Fluten unterging.

Badewanne der Bayern

Über Wildbad Kreuth kommt man zum Tegernsee, eine der beliebtesten »Badewannen« der Bayern. Rottach-Egern und Stadt Tegernsee sind die großen Touristenhochburgen. Zwar kleiner aber nicht weniger beliebt ist der Schliersee, den man über eine idyllische Strecke über Gmund und Hausham erreicht.

Der Wendelstein bei Bayrischzell ist eine Rast wert. Mit der ältesten Zahnrad-Bergbahn der Welt rattert man abenteuerlich auf den Gipfel: Sieben Tunnel und zwölf Brücken später ist man oben – zehn Kilometer in einer Stunde. Zu erleben gibt es ein eindrucksvolles Bergsee-Panorama und die Wendelsteinhöhle mit riesigen Eiszapfen.

Mit der Sudelfeldstraße wird es wieder spannend: zehn Prozent Steigung und Gefälle, eingebettet in eine Kurvenorgie. Auf 1123 Metern ist Schluss, von einem Parkplatz aus kann man ins Tal blicken: auf ockerfarben schimmernde Weiden und auf viele friedlich kauende Kühe. Am Tatzelwurm endet das erste Teilstück der Deutschen Alpenstraße. Um zum nächsten Stück nach Reit im Winkl zu kommen, gibt es mehrere Möglichkeiten: Über Brannenburg, Raubling, Frasdorf, Aschau und Sachrang, eine kurvenreiche, besonders bei Motorradfahrern beliebte Strecke – oder direkt über Trißl/Niederaudorf und Wagrein. Kurz vor dem Walchsee treffen sich die beiden Routen auf der B 172. Rechts der Straße befinden sich

Die Bauern werben für ihre einheimischen Milchprodukte.

der »Zahme Kaiser« und die österreichische Grenze, links liegen die Chiemgauer Berge. Die Häuser erscheinen winzig klein, die Wiesen noch grüner vor der Kulisse der grauen Riesen.

In Reit im Winkl ist immer was los. Bürgersteige und Straßen sind voller Touristen. In den Fenstern der Läden sind weißblaue Souvenires ausgelegt – Spazierstöcke und karierte Hemden, Bierkrüge und Weißbier – bayerische Lebensart pur und inszeniert. Die oberbayerische Landschaft ist einfach zu schön, um nicht besucht zu werden. Bis Ruhpolding und Inzell passiert man den Weitsee, den Mittersee und den Lödensee. Nicht die Straße ist wichtig, sondern das Bergpanorama. Wenn man den Kopf in den Nacken wirft, sieht man die Gipfel im Himmel hängen. In Ruhpolding steht eine der schönsten Dorfkirchen Süddeutschlands, St. Georg, in der sich die berühmte Madonna befindet. Bis Inzell fährt man auf einer alten, ausgebauten Handelsstrecke.

Weiter geht es durch Schluchten bis nach Ramsau. Dort sieht man im Süden den Nationalpark Berchtesgaden mit dem übermächtigen Watzmann, zu seinen Füßen den Königssee, 190 Meter tief und kühl – deshalb gibt es hier immer viele Boote auf dem klaren Wasser aber kaum Schwimmer. Hinter Ramsau holpert man über ein Stück aus Kopfsteinpflaster nach Berchtesgaden. Die Strecke blieb so wie sie Hitler in den 30er Jahren bauen ließ. Das Salzland ist prächtig. Das weiße Gold hat Geld nach Berchtesgaden gebracht. Die Innenstadt besteht aus prunkvoll bemalten Häusern, ebenso gut ausgestatteten Kirchen und Schlössern. Ein Muss ist eine Rutsch-Tour in das Salzbergwerk. Durch Höhlen und Stollen kommt man zu einem Salzsee.

Den krönenden Abschluss des Open-Air-Trips bildet die Roßfeld-Höhenring-Straße. Gegen eine Mautgebühr darf man sich ab Oberau auf 1600 Meter hochschrauben. Kehre um Kehre wird die Aussicht atemberaubender. An der Strecke sind ausreichend Haltemöglichkeiten, um den Ausblick ins Salzland zu genießen. Rund 17 Kilometer Steigungen und Gefälle später ist man wieder in Oberau. Über die B 305 Richtung Markt Schellenberg gelangt man kurz vor Salzburg auf die A 8 – hier endet das Open-Air-Vergnügen.

Wer ein einsames Plätzchen sucht, wird es in den kleinen Seitensträßchen sicher finden.

INFO ROUTE

ETAPPEN:

Lindau – Immenstadt – Pfronten – Oberjoch – Füssen – Schwangau – Steingaden – Oberammergau – Ettal – Oberau – Garmisch-Partenkirchen – Krün – Wallgau – Vorderriß – Wildbad Kreuth – Kreuth – Rottach Egern – Tegernsee – Gmund – Hausham – Schliersee – Bayrischzell – Trißl – Niederndorf – Durchholzen – Reit im Winkl – Laubau – Weißbach – Schneizlreuth – Unterjettenberg – Berchtesgaden – Roßfeld-Höhenringstraße – Marktschellenberg

ANREISE:

Ausgangspunkt Lindau: ab Kreuz Ulm-Elchingen A 7 bis Memmingen, dann A 96 bis Lindau.

LÄNGE: rund 500 km

DAUER: mindestens 3 Tage

INFORMATION

Fremdenverkehrsamt Oberbayern
Bodenseestr. 113
81243 München
Tel. 089/82 92 18 0
Fax 089/82 92 18 28
www.oberbayern.de

Kurdirektion Berchtesgadener Land,
Königsseer Str. 2
83471 Berchtesgaden
Tel. 08652/96 70
Fax 08652/63 30 0
www.berchtesgadener-land.com

UNTERKUNFT

Lindau
Hotel Bayerischer Hof****
Seepromenade
88131 Lindau
Tel. 08382/91 50
Fax 08382/91 55 91

Internet
www.bayerischerhof-lindau.de; luxuriöses Hotel, direkt an der Seepromenade gelegen, gehobene Preisklasse.

Schwangau
Hotel Weinbauer
Füssener Str. 3
87645 Schwangau
Tel. 08362/98 60
Fax 08362/98 61 13
Nettes Hotel unweit der Königsschlösser.

Füssen
Hotel Garni Elisabeth
Augustenstr. 10
87629 Füssen
Tel. 08362/62 75
Stilvolles Haus mit großem, schönem Garten in sehr ruhiger, zentraler Lage.

Hügel und Berge prägen das Allgäuer Land.

Wallgau
Alpenhof Wallgau
Mittenwalder Straße 28
82499 Wallgau
Tel. 08825/20 90
Fax 08825/20 17
Internet
www.wallgau.de/alpenhof.html
Urig eingerichtete Zimmer mit Balkon.

Werdenfelser Hof
Walchenseestr. 36
82499 Wallgau
Tel. 08825/38 1
Fax 08825/95 24 15
Gemütliche Pension im Grünen.

Schönau am Königssee
Hotel Alpenhof ****
Richard-Voss-Str. 30
83471 Schönau am Königssee
Tel. 08652/60 20
Fax 08652/64 39 9
Internet www.alpenhof.de,
Luxushotel inmitten der Natur.

Gästehaus Malerlehen
Malerweg 8
83471 Schönau
Tel. 08652/42 04
Gemütlicher Bergbauernhof, idyllisch gelegen.

ESSEN & TRINKEN

Das Allgäu ist für seine Kässpätzle und Maultaschen berühmt. Je mehr man ins Oberbayerische kommt, umso deftiger wird die Küche: Weißwürste mit süßem Senf und Brezn (Laugengebäck), dazu Weißbier oder Leberkäs und Kartoffelsalat, Presssack sauer, Obazda (reifer Camembert mit Butter, Zwiebeln, Paprika), Schweinsbraten mit Knödel und Sauerkraut. Auch die Süßspeisen sind bekannt – von Apfelstrudel über Kaiserschmarrn, Germknödel bis Kücherl. In Berchtesgaden stellt man den »Enzian« her, ein Kräuterlikör, der aus Wurzeln destilliert wird.

SEHENSWÜRDIGKEITEN

Schwangau
Königsschlösser **Neuschwanstein** und **Hohenschwangau** sind von Okt.–März 10–16 Uhr, April–Sept. 9–18 Uhr geöffnet,
Ticketservice Tel. 08362/93 08 30

Berchtesgaden
Salzbergwerk,
1. Mai–15. Okt. 9–17 Uhr geöffnet, 16. Okt.–30. April 12.30–15.30 Uhr,
Tel. 08652/6 00 20

Kloster Ettal
Benediktinerkloster mit berühmter Kirche,
Auskunft Gemeinde Ettal
Tel. 08822/35 34

Wieskirche
Wallfahrtskirche täglich durchgehend geöffnet,
Auskunft unter Tel. 08862/501

Garmisch-Partenkirchen
Ludwigsstraße (Hauptdurchfahrtsstraße) mit schönen bayerischen Hausfassaden.

Winter-wunderland

Einsame Straßen erhöhen das Cabriovergnügen im Winter.

Halb zugefrorene, verschneite Berge, Sonne satt: Eine Cabrio-Tour von Salzburg nach Villach macht auch dann Spaß, wenn man im Winter das Verdeck offen lässt.

Cabrio fahren im Winter? Das ist dekadent und eisig. Deshalb tragen so viele Oben-Ohne-Autos Saison-Kennzeichen, deswegen werden die Sommerflitzer in schöner Regelmäßigkeit im Oktober nach dem letzten schönen Wochenende eingemottet. Doch was im Sommer Spaß macht, taugt auch für den Winter. Windschott, eine Decke für die Beine, Pudelmütze und Schal sollte man schon dabei haben – und eine gehörige Portion Verständnis für all jene, die den vermeintlich verrückt gewordenen Cabrio-Insassen fassungslos hinterherblicken.

Salzburg ist der Ausgangspunkt: Die Reise wird über den Mondsee und Wolfgangsee zum Hallstätter See führen, danach geht es ins Gebirge, über die Radstädter Tauern bis hinunter zum Millstätter See und weiter nach Villach.

Gästestrom im Sommer

Das »Pickerl« gegen eine erträgliche Gebühr lohnt sich für die Fahrt auf der Autobahn bis zur Anschlussstelle »Mondsee«. Zwei Kilometer Fahrt, einige Kurven und Abbiegevorgänge (der Beschilderung »Zentrum« folgen) später steht man auch schon auf dem Platz vor der Klosterkirche Mondsee, Parkplätze lassen sich im Winter leicht finden – der große Gästestrom ist hier im Sommer unterwegs. Die Klosterkirche St. Michael hat den größten Kirchenraum des Salzkammergutes. 70 Meter lang, 33 Meter breit und 29 Meter hoch ist das Hauptschiff der Kirche.

In jedem Fall sollte beim Abstecher in die 2100-Seelen-Gemeinde ein Bummel über den Marktplatz mit seinen bunten Häusern in verschiedenen Baustilen nicht fehlen; am Mondseeufer kann man ihn beenden – der See hat auch im Winter seinen Reiz;

Ab durch den Winter – mit viel Schnee und tollen Ausblicken.

vor allem die Stille, die ihn in der »staaden Zeit« umgibt.

Abstecher zum Attersee

Zurück im Auto, folgt man der Beschilderung nach St. Gilgen. Die gut ausgebaute Salzkammergut-Bundesstraße B 158 lädt zu flotter Fahrt ein, das Dach darf auf diesem Abschnitt ruhig noch draufbleiben. In Scharfling ist ein Abstecher zum Attersee möglich. Wer links abbiegt, kann den größten der Salzkammergut-Seen anfahren – für eine bloße Umrundung sollte man knapp eineinhalb Stunden einplanen, allerdings bieten sich auch noch zahlreiche Einkehr- und Abstechermöglichkeiten entlang der gut befahrbaren Attersee-Uferstraße.

Nach St. Gilgen am Wolfgangsee gelangt man auf eine gefällige Passstraße, die schon einen kleinen Vorgeschmack auf das gibt, was folgen wird: Kurvenziehen im Alpenpanorama. In St. Gilgen macht nicht nur der Altbundeskanzler Urlaub, sondern auch eine Vielzahl an Touristen – im Winter ist auch hier von all dem sommerlichen Trubel wenig zu spüren, das kleinstädtische Leben geht seinen geruhsamen Gang. Bis auf die Cabrio-Fahrer ...

Kinder rollen Schneemänner

Ob zum »Weißen Rössl« oder zur Wallfahrtskirche St. Wolfgang: Eine Spritztour durch den Ort, der dem Wolfgangsee seinen Namen gegeben

hat, gehört einfach dazu. Nach Strobl biegt man links ab und fährt am Ufer entlang. Im 15. Jahrhundert war St. Wolfgang neben Rom, Aachen und Einsiedeln der meistbesuchte christliche Wallfahrtsort – und heute ist noch viel von dem Charme des einstigen Pilger-Dörfchens zu spüren.

Die Klosterkirche St. Michael am Mondsee.

Auch andere frönen dem winterlichen Vergnügen, hier im Heißluftballon.

Puderzuckerschnee bedeckt die Dächer der urigen Häuser, aus den Schornsteinen quillt weißer Rauch in den Himmel, Kinder rollen große Kugeln zu Schneemännern, die Cafés laden zu einer Tasse Jagertee ein – bei schönem Wetter sogar draußen.

Die weitere Reise führt über die B 158 nach Bad Ischl. Auch wenn in der Vorstadt der Beton dominiert: Hat man erst mal das Cabrio abgestellt und das Flair des einstigen Kaiser-Feriendomizils geschnuppert, will man länger bleiben. Bad Ischl rückte durch Kaiser Franz Joseph I. in den Mittelpunkt des Weltgeschehens. Im Urlaub traf der vorletzte Kaiser der österreichisch-ungarischen Doppelmonarchie folgenschwere Entscheidungen, darunter die Kriegserklärung an Serbien, die letztlich zum Ausbruch des Ersten Weltkrieges führte.

Empfehlenswert ist ein Besuch des Salzbergwerks Bad Ischl. Ein Bähnlein bringt einen in halsbrecherischer Fahrt ins Berginnere, wie damals die Bergknappen rutscht man über Holzrutschen von Stollen zu Stollen – um schließlich bei einem riesigen Salzsee zu landen. Leider ist das Schaubergwerk nur zur Hochsaison von Mai bis September geöffnet.

Dreieckiger Marktplatz

Langsam wird die Route anspruchsvoller, will heißen alpiner. Die B 146 bringt uns nach Hallstatt am Hallstätter See, kurz nach Bad Goisern biegt man links auf die B 166 ab. Hallstadt ist ein malerisches Dörflein am See, in der frostigen Jahreszeit kann man ungehindert durch den schönen Ortskern kurven. Markant ist der dreieckige Marktplatz – nur ein wenig eng wird es manchmal …

Im Winter sollte man in den Kurven die Reifen nicht allzu sehr quietschen lassen. Es könnte glatt sein.

Ab Hallstatt geht es hinein in die Alpenwelt. Also Mütze tief ins Gesicht, den Schal fester ziehen, Heizung bis zum Anschlag aufdrehen. Man hält sich Richtung Bad Goisern, bevor man die Uferstraße verlässt und ins Gosautal abbiegt. Die ersten Steigungen locken das Cabrio aus der Reserve, auf den Bäumen liegt zunehmend mehr Schnee, die Kurven werden enger. In Gosau biegt man

Blick auf das verschneite St. Michael.

rechts ab, um weiter in Richtung Radstädter Tauern zu fahren, links geht es in Richtung Vorderer und Hinterer Gosausee. Wenn nicht gerade der Zeitplan oder der Sonnenstand drängt: Unbedingt den Abstecher zum See machen, eine herrliche Gebirgswelt mit schroffen Felswänden, einem tosenden Wasserfall und einem wunderschönen Rundwanderweg wartet!

Auf der eigentlichen Route wird nun mehr und mehr echtes fahrerisches Können gefordert: Während sich die Bäume unter der Schneelast biegen, lassen sich wunderschöne Bahnen durchs Alpenpanorama ziehen. In Rußbach fährt eine Seilbahn zur Hornspitze, hier sausen die Skifahrer die Hänge hinunter. Bei Lindenthal kommt eine scharfe Linkskurve in Richtung St. Martin (man folgt der B 166) – nun führt die Route auf einem Hochplateau weiter nach Radstadt. Ob man es laufen lässt oder einen Abstecher in ein Café in Annaberg oder St. Martin macht? Wer die Augen offen hält, der findet hier jede Menge Gründe anzuhalten, innezuhalten und das herrliche Gebirgspanorama zu genießen.

TIPP

Heimat- und Pfahlbaumuseum in Mondsee:
Vor 5000 Jahren lebten hier Menschen in Pfahlbauten.
Öffnungszeiten:
1. Mai–9. Sept. 10–18 Uhr,
11. Sept.–9. Okt. 10–17 Uhr,
9.–28. Okt. Samstag, Sonn- und Feiertage 10–17 Uhr.

WETTER-TIPP

Besonders bei der Wintertour sollte man vorher Straßenverhältnisse und Wetteraussichten prüfen unter www.wetter.at beziehungsweise unter www.oeamtc.at.

Am Ende der B 166 muss man links auf die B 99 fahren, die nach Villach führt. Nun steht der zweite spannende Teil der Tour an. Die Autobahn, die teils parallel zur Bundesstraße führt, ist wesentlich unattraktiver als die Vorläufer-Bundesstraße, außerdem spart man die Maut für den Katschbergtunnel und bekommt auch noch viel, viel Fahrspaß geboten.

Von Radstadt nach Katschberg sind es nur ein paar Kilometer. Doch die haben es in sich. Kurven, die immer enger werden, Steigungen, die sich stets erhöhen. Schnee ist hier während des gesamten Winterhalbjahres sicher – wer in Deutschland im Frühling startet, der hat hier noch tiefsten Winter. Mit jedem Höhenmeter, den das Cabrio mühelos »frisst«, fällt scheinbar das Thermometer. Minus zehn Grad sind weder eine Seltenheit noch besonders tragisch: Im Cabrio ist's ja dank der Heizung und des Windschotts wohlig warm.

Und dann folgt die Talabfahrt, die Passstraße bietet ein kurviges Vergnügen, das schließlich im ach so verschandelten Autobahn-Tauerntal endet. Von dort liegt einem eigentlich halb Österreich zu Füßen.

Ein Ausflug zum Millstätter See bietet sich an, freilich auch die gute halbe Stunde Autobahnfahrt nach Villach und zum Wörthersee mit Klagenfurt. Hier kann man die römischen Ausgrabungen am Magdalensberg besuchen oder weiterfahren zum idyllischen Klopeiner See und in die Karawanken.

Kurvig geht es durch die Tauernlandschaft.

Info Route

ETAPPEN:

Salzburg – Mondsee – Scharfling – St. Gilgen – Reith – Bad Ischl – Bad Goisern – Hallstatt – Gosau – Lindenthal – Annaberg – St. Martin – Radstadt – Obertauern – St. Michael im Lungau – Katschberghöhe – Rennweg – Gmünd – Spittal

ANREISE:

Ausgangspunkt Salzburg: ab München A 8 bis Salzburg, eventuell weiter auf A 1 bis Ausfahrt Mondsee.

LÄNGE: ca. 230 km

DAUER: 2 Tage

INFORMATION

Österreich Werbung
Mannheimer Straße 15
60329 Frankfurt
Tel. 069/24 24 25 24
Fax 069/25 07 41
www.austria.info.at

UNTERKUNFT

Hallstatt
Gasthof Hirlatz ***
Malerweg 125
A-4830 Hallstatt
Tel. 0043/6134/8 84 43
Fax 0043/6134/84 43 33
Mitten im Wintersportzentrum gelegen, hier kocht die Chefin des Hauses noch selbst.

Obertauern
Hotel Solaria
Dr.-Kresse-Str. 86
A-5562 Obertauern
Tel. 0043/6456/72 50
Fax 0043/6456/75 49
E-Mail: info@hotel-solaria.at,
Internet: www.hotel-solaria.at
Hotel, in dem viele Bergtouren-Gäste verkehren, schön und sauber.

ESSEN & TRINKEN

In Österreich isst man deftig: Zwiebelrostbraten mit Bratkartoffeln, Wiener Schnitzel (Original aus Kalbsfleisch) oder Backhähnchen; aber auch gern süß: Kaiserschmarrn mit Apfelmus, Germ- oder Marillenknödel. Dazu trinkt man einen erfrischenden Almdudler.

SEHENSWÜRDIGKEITEN

St. Wolfgang
Pfarrkirche, bemerkenswerte Altäre, Christusfigur und Kanzel

Ein bisschen für verrückt wird man als Winter-Cabriofahrer schon gehalten.

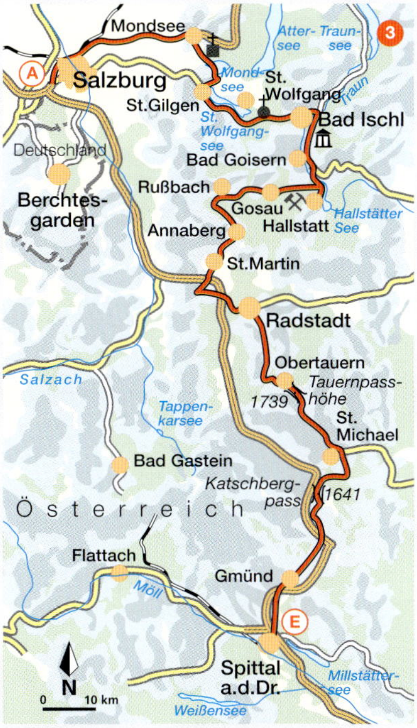

Mit dem Cabrio durch die Bergwelt – nur Fliegen ist vielleicht noch schöner.

Bad Ischl
Kaiservilla, ein Geschenk an Kaiser Franz Joseph I. und Elisabeth anlässlich ihrer Hochzeit 1854.
Jainzen 38
A-4820 Bad Ischl
an Ostern, Wochenenden im April, 1. Mai–15. Okt. 9–12 Uhr 3–17 Uhr,
Tel. 0043/6132/2 77 57.

Hallstatt
Salzbergwerk, Öffnungszeiten:
18. April–25. Mai täglich 9.30–15 Uhr, 26. Mai–14. Sept. täglich 9.30–16.30 Uhr, 15. Sept.–26. Oktober 9.30–15 Uhr, Auskunft beim
Tourismusverband Hallstatt,
Postfach 7,
A-4830 Hallstatt,
Tel. 0043/6134/82 08
www.hallstatt.de

Drachen und Puppenstuben

Zwischen Zürich und Altdorf breitet sich die Schweizer Gründlichkeit aus: Die Häuser mit den unzähligen, winzigen Fenster und die Straßen wirken wie geleckt.

Übers Käse-Kanton Appenzell geht's zu den Schweizer Seen: dicht beieinander liegen Zürichsee, Zuger See, Vierwaldstätter und Urner See. Die mächtigen Berge schlummern im Hintergrund wie große Drachen, die geweckt werden wollen …

Lindau ist am Morgen besonders schön. Trotz des Trubels auf der Seepromenade scheint der steinerne Löwe auf dem Sockel der Hafeneinfahrt noch zu schlafen. Das Wasser jenseits des Hafenbeckens ist vom Nebel verschluckt. Während man am See entlang nach Bregenz fährt, kann man zusehen, wie die Sonne den milchigen Schleier allmählich auflöst. Kurz hinter Lindau trifft man auf die österreichische Grenze. Es wird ländlicher. Der Duft von Mist dringt ins Cabrio. Bis man die Schweiz erreicht, passiert man die weniger attraktiven Vororte von Bregenz.

Überall flattert das weiße Kreuz auf rotem Hintergrund im Wind.

Dachgiebel werden spitzer

Und wieder naht ein Grenzgang. In Höchst am Zollamt wird man als Einreisender kritisch beäugt: »Haben Sie Waren?« Als EU-Nicht-Mitglied und auf Grund der hohen Lebensmittelpreise in der Schweiz sind die Zollbeamten sehr streng. Wer Misstrauen erregt und den Kofferraum voll billiger Ware haben könnte, wird auf den Seitenstreifen gebeten. Als Cabrio-Fahrer muss man Kontrollen weniger fürchten, schließlich ist der Stauraum in der Regel sehr begrenzt und schon allein das Gefährt symbolisiert das Ansinnen einer Urlaubsfahrt.

Schon am Morgen geht es auf der Seepromenade in Lindau geschäftig zu.

Die Schweiz breitet sich vor uns aus. Die Dachgiebel werden spitzer, die Fenster kleiner, dafür reihen sich bis zu zehn dieser kleinen »Gucklöcher« an einer Hauswand aneinander. Die Holzbalustraden der Häuser wirken viel filigraner gearbeitet als die im benachbarten Österreich. Typisch für die Region sind auch Schindeln, mit denen die Wände verkleidet sind. Hoch in den Hügeln stehen einfache Berghäuschen, in Marbach Schweizer Villen mit Türmchen und Erker. Das Schweizer Deutsch bringt einen zum Schmunzeln. Brötchen werden zu »Brötli«, die Post zum »Pöstli«, die Straßen heißen »Im Gisli«.

Hinter Altstätten schraubt sich die Straße hoch nach Appenzell, den alles überragenden Säntis immer im Blick. Die Wiesen sind übersät mit Löwenzahn, Schafe zupfen sich frisches Gras von den Weiden. Das Idyll setzt sich in Gais fort. Der Marktplatz sieht aus, als wäre er aus dem Bilderbuch ausgeschnitten. Die Dächer des Dorfkerns sind nach vorn gebogen, die Fassaden in Pastelltönen bemalt. Zwei Wendungen weiter bieten Bauern Freiland-Eier und Käse an. Für letzteres Produkt ist der Kanton Appenzell bekannt. In der Schaukäserei in Stein bei Appenzell kann man von einer Galerie aus die moderne Käseherstellung beobachten.

Auf den Weiden hört man die Kuhglocken läuten. Appenzell selbst ist ähnlich ländlich gehalten. Kleine bunte Häuschen mit Cafés, Töpfereien und Blumenläden zieren die Innenstadt.

Wo die Drachen noch fauchen

Von Appenzell gelangt man zu den Wasserauen und der Ebenalpbahn.

Hier starten die Ausflugsschiffe zu einer Rundfahrt auf dem Bodensee.

Von dort aus kann man Wanderungen und Bergtouren aller Schwierigkeitsgrade machen. Auf dem Weg zur Schwägalp geht es entlang von gelb gesprenkelten Weiden bergauf. Das Grün der Wiesen wandelt sich in Braun, Kiefern duften stattdessen intensiv. Auf 900 Metern zweigt die Straße nach links zum Skilift Schwägalp ab. Den Alpstein im Rücken nähert man sich dem Toggenburg. Der Nebel liegt noch wie ein weißer Schleier über der Landschaft. Viele Sagen haben hier ihren Ursprung. Wer ein schauerliches Fauchen vernimmt, sollte schleunigst Gas geben, denn es könnte Thurtier sein, ein riesiger Drache, der anno dazumal zweimal gesichtet wurde, wie der Volksmund erzählt.

Am Zürichsee ist es weniger gespenstisch. Ab Rapperswil blickt man auf Schilf und die spiegelnde Oberfläche des Sees, alle paar Kilometer ankern kleine Boote an einem Steg. Das obere Seeufer ist viel beschaulicher als die andere Seite, denn von Fremdenverkehr ist hier nicht viel zu spüren. Die Villen direkt am See sind in Privatbesitz, Hotels sind recht rar.

TIPP

Pfänderbahn Bregenz:
Die Bahn fährt hoch zum Alpenwildpark
Steinbruchgasse 4
A-6900 Bregenz
Tel. 0043/5574/42 16 0,
täglich 9–19 Uhr.

Kurz hinter Zürich breiten sich die Bauernhöfe aus.

Das Idyll endet in der größten Stadt der Schweiz, Zürich. Im Wirrwarr der Einbahnstraßen ist man besser ohne Auto unterwegs, zum Beispiel, um sich das Rathaus aus dem Jahr 1698 , das Zunfthaus zum Rüden oder das romanische Großmünster aus dem 12./13. Jahrhundert anzusehen oder um einfach durch die hübschen Gassen der Altstadt zu flanieren. Einen Besuch wert sind auch die zahlreichen Museen der Stadt, das Centre Le Corbusier, das Kunsthaus oder das Indianermuseum, das einen einzigartigen Einblick in die Geschichte und Kultur dieser Naturvölker bietet.

TIPP

Appenzeller Schaukäserei, CH-9063 Stein, Tel. 0041/71/36 85 07 0, März–Oktober täglich 9–19 Uhr.

Hier regieren die Bauern

Am Stadtkern vorbei hält man sich Richtung Luzern. In Adliswil aber dann Richtung Albis-Pass. Efeu klettert die Baumstämme hoch, der Wagen schraubt sich durch Laubwald über Adliswil aufwärts: erst die braunen Dächer der bürgerlichen Schweizer Häuser, dann das Blau des Türler Sees. Hier, kurz hinter Zürich, regieren nicht mehr die Banken, sondern die Bauern. Ein Mann mäht mit der Sense seinen Vordergarten, während eine Frau die Blumen auf dem Balkon auszupft.

Über Cham gelangt man nach Zug. Hier sollte man vom Gas gehen. Der Ortskern besteht aus prachtvollen, spätgotischen Häusern mit Erkern und treppenförmigen Dächern. Markant ist der Fähnrich mit der Zuger Standarte am Kolinplatz.

Schweizer Gründlichkeit breitet sich bis zur Seespitze aus; alles wirkt wie frisch geputzt und gewissenhaft gepflegt: Gehsteige, Vorgärten, Seepromenade. In Richtung Küssnacht ist man wieder vom Verkehr umzingelt, rechts die Bahnlinie, links die Autobahn. Ade Zuger See heißt es in Immensee. Doch schon der nächste naht. Ab Küssnacht erblickt man wieder blitzendes Blau, den Vierwaldstätter See. Am kleinen Ort Greppen sollte man nicht vorbeibrausen. In den schmalen Straßen des Ortes fühlt man

TIPP

Luftseilbahn Wasserauen-Ebenalp, Ausgangspunkt für Wanderungen.
Auskunft
Tel. 0041/71/7 99 12 12,
Internet www.ebenalp.ch

sich wie in einer Schweizer Puppenstube: bunt, putzig und urig.

An Felsen entlang

Hinter Vitznau windet sich die Straße an Felsen entlang, zur linken schaukelt der See. Große Touristendampfer blasen grauen Dampf in die Luft. Der weiße Mittelstreifen ist durchgezogen, es empfiehlt sich, auf der unübersichtlichen Strecke nicht zu überholen. Ab Brunnen knickt das Gewässer nach Süden ab und geht in den Urner See über. In Sisikon kann man bei einem Spaziergang zur Tellskapelle die steif gewordenen Glieder ein bisschen lockern.

In zehn Minuten hat man die bemalten Wände des zur Seeseite offenen Kirchleins erreicht. Sie erzählen die Legende, nach der sich Wilhelm Tell während eines Föhnsturms als Gefangener des Landvogts an dieser Stelle mit einem gewaltigen Sprung an Land rettete. Tell hat auch Altdorf, den Schlusspunkt der Tour, bekannt gemacht. Hier feuerte der Nationalheld seinen legendären Schuss auf den Apfel ab. Ein großes Denkmal erinnert daran.

Die Natur wirkt noch unberührt.

Die Straße wird immer steiler: Der Albis-Pass naht.

INFO ROUTE

ETAPPEN:

Lindau – Bregenz – Höchst – Rebstein – Altstätten – Appenzell – Urnäsch – Schwägalp – Rietbad – Wattwil – Rapperswil – Küsnacht – Zürich – Adliswil – Affoltern – Mettmenstetten – Cham – Zug – Walchwil – Küssnacht – Vitznau – Brunnen – Altdorf

ANREISE:

Ausgangspunkt Lindau: ab Kreuz Ulm-Elchingen A 7 bis Memmingen, dann A 96 bis Lindau.

LÄNGE: ca. 230 km

DAUER: 2 Tage

WÄHRUNG:
Schweizer Franken

INFORMATION

Schweiz Tourismus
Kaiserstr. 23
60311 Frankfurt
Tel. 069/25 60 01 0
Fax 069/25 60 01 38 Prospektbestellung rund um die Uhr
Tel. 069/25 60 01 60
Internet www.schweiz.ch

UNTERKUNFT

Zürich-Adliswil
Hotel Ibis
Zürichstr. 105
CH-8134 Zürich-Adliswil
Tel. 0041/01/71 18 58 5
Fax 0041/01/71 18 58 6
Ähnlich einem amerikanischen Motel aufgebaut, mit großen Betten und sehr freundlichem Service.

Greppen am Vierwaldstättersee
Hotel Drei Eidgenossen
Poststr. 1
CH-6404 Greppen,
Tel. 0041/41/39 03 43 9
Romantisches, kleines Hotel mit Seeblick und sehr empfehlenswertem Restaurant.

Altdorf
Hotel Zum schwarzen Löwen
CH-6460 Altdorf
Tel. 0041/41/87 48 08 0
Fax 0041/87 48 07 0
E-Mail
mail@zum-schwarzen-loewen.ch
Zentral gelegenes Hotel mit uriger Fassade.

Die Schweizer Häuser sind unvergleichlich: Bis zu zehn kleine Fenster sind in einer Reihe angeordnet.

SEHENSWÜRDIGKEITEN

Zürich
Rundgang durch historische Innenstadt.
Internet www.zurichtourism.ch

Appenzell
Hauptgasse: Bunt bemalte Häuser mit geschweiften Giebeln.

Vierwaldstätter See
Rundfahrten mit historischen Dampfschiffen,
Schifffahrtsgesellschaft des Vierwaldstätter Sees
Werftstr. 5
CH-6002 Luzern
Tel. 0041/41/36 76 76 7
Fax 0041/41/36 76 86 8
Internet www.lakelucerne.ch

Sisikon
Tellskapelle, um 1500 errichtet, vier Bilder stellen die Geschichte Wilhelm Tells dar.

Greppen
Das intakte Ortsbild des Schweizer Dörfchens ist von nationaler Bedeutung.

ESSEN & TRINKEN

Die Schweiz ist bekannt für ihr Züricher Geschnetzeltes mit Rösti, für deftige Gerstensuppe, Wildgerichte, Berner Platte (Geräuchertes, Würste und Bohnen), Müsli und Käse. Vor allem der Kanton Appenzell ist berühmt für seine Käseprodukte. Schokoladenliebhaber sollten sich in den Supermärkten mit den zart schmelzenden Schweizer Versuchungen eindecken. In den Bergregionen stellen die Winzer Gletscher-Weine her.

Appenzell hat seinen eigenen Charme – eine Mischung aus Altertümlichkeit und Urigkeit.

Ein Ausflug in die Schweizer Bergwelt ist eine Reise zu den Spitzenlagen der Gipfel.

Gipfel der Genüsse

Die Schweizer Berge erfahren: eine Drehorgie in die weiße Pracht zu den Gipfeln der Genüsse. In den Kurven zum Oberalp-, San Bernardino- und Splügenpass drehen nicht nur die Räder durch.

Skistiefel klackern auf dem Asphalt, vor der Windschutzscheibe erscheinen Urlauber mit ihren geschulterten Brettern – man selbst sitzt mit T-Shirt im Cabrio und trägt zum zweiten Mal Sonnencreme auf, die Stirn wird trotzdem immer röter. In Andermatt ist so etwas möglich: Im Tal der milde Frühling, auf dem Berg frönen die Wintersportler dem weißen Rausch. Die Gondel befördert sie auf den fast 3000 Meter hohen Gemsstock. Schneesicher bis in den April hinein ist das Andermatter Skigebiet und beliebt bei den Freunden des Frühlingsfirns.

Bis auf 2048 Meter

Die direkte Verbindung von Andermatt in den südlichsten Schweizer Kanton Tessin ist der Gotthardpass. Reizvoller ist der Oberalppass; er liegt weit ab von der Autobahn und führt vom Ortszentrum bis auf 2048 Meter Höhe. Die Straße ist gut ausgebaut, die Räder drehen sich geschmeidig in die Kurven. Einige Kehren später hält man die Brettlträger im Tal nicht mehr für verrückt. Es bauen sich links und rechts der Autotüren Schneewände auf. Die Sonne knallt auf das Weiß. Das Schmelzwasser rauscht an der Straße entlang. Die Oberalpbahn keucht den Berg hoch. Mit den Pferdestärken des Autos kann sie nicht konkurrieren. Schnell ist sie abgehängt. Hartnäckiger sind da die einheimischen Fahrer. Vor Sedrun wird die Straße dann eng und holperig. Das hindert manche Schweizer nicht daran, ihre tiefer gelegten Wagen an einem vorbei zu peitschen. Das ist auch schon die größte Aufregung, die einem im Val Tavetsch widerfahren kann.

TIPP

Am zweiten Septemberwochenende findet in Chiavenna das traditionelle Grottenfest »Sagra dei Crotti « statt. Das Publikum hat auch Zugang zu Privatgrotten.

Nur noch Nadelgehölz

Ansonsten gibt es hier Natur pur, von ihrer rauen Seite. In diesen Höhenlagen wächst nur Nadelgehölz, die Dörfer leben vom Skitourismus, wie Disentis/Muster. Es ist der letzte Zipfel der Wintersportregion Gotthard-Oberalp. Hier zweigt die Route nach Süden ab. Ein Pass steht noch bevor, der Passo del Lucomagno. Zunächst verschlingen Felswände das Cabrio. Die Medelserschlucht öffnet sich. Zwischen den Steinen führt eine breite Straße durch. Dahinter stehen oben in den Hängen Holzgerüste. Ohne Schnee sehen die »Lawinenbremsen« eigenartig nackt aus. Das Hügelland wellt sich dahin, die Sonne taucht die grauen Bauernhäuser in ein warmes Licht. Auf knapp 2000Metern regiert der Nebel, es ist feuchtkalt, die Aussicht verliert sich im Nichts. Man mag sich hier kaum länger aufhalten, der Schweizer Sonnen-Kanton lockt. Auf dem Weg ins Val Blenio nach Biasca wird die Luft Kurve um Kurve trockener und wärmer. Die feuchten Felsen schimmern wie Diamanten in der Sonne. Hier wird aus ihnen Geld gemacht. In Lodrino wird das Gestein abgesprengt und zerkleinert. Am Fuß

Am Fuße des St. Bernhard gedeiht auch Wein.

Hinter Chiavenna rauscht das Schmelzwasser ins Tal.

des Steinbruchs lagern Riesenbrocken. Mit den Resten hat man die Straße befestigt, anstelle von Pfosten aus Plastik stehen hier Steinplatten, die über einen rostigen Draht miteinander verbunden sind.

Man ist in der italienischen Schweiz angelangt. Bis kurz vor Bellinzona saust man der Sonne entgegen. Der Lago Maggiore ist keine halbe Stunde entfernt. Danach will aber der Passo San Bernardino bezwungen werden, mit 2065 Metern knapp kleiner als der Gotthard. Im Hintergrund des Val Mesolcina entdeckt man bereits die weiße Spitze des San Bernardino. Vorher holpert man noch durch einige kleine Ortschaften. Geduld ist gefragt.

Wie ein Wurm kriecht der Maloja-Pass nach St. Moritz den Berg hinauf.

In Grono ist die Ortsdurchfahrt so eng, dass der Verkehr wechselweise per Ampel durchgeleitet wird.

In den weiteren Dörfern sind Bauarbeiter dabei, die Löcher im Asphalt zu stopfen. Viel Verkehr erleben die Orte seit dem Bau der Autobahn und dem Bernhard-Tunnel nicht. Nur die Einheimischen und Kurven-Freunde wie Motorradfahrer sausen hier vorbei: an den lachsfarbenen Häusern mit den grünen Fensterläden.

Verlassene Steinhäuser

Nach oben hin wird es einsamer. Keine anheimelnden Dorfhäuschen mehr, nur verlassene Steinhäuser. Und viel Bewegung für die Hände. In früherer Zeit mag der Weg ins Bergdorf San Bernardino beschwerlich gewesen sein, da man ihn zu Fuß zurücklegen musste. Jetzt genießt man Kurve um Kurve die frische würzige Waldluft und den Blick auf den zackig in den Himmel ragenden Piz Uccello. San Bernardino ist nicht nur als Skiort bekannt, es hat sich auch wegen seines Wassers einen Namen gemacht. Mit konstanten neun Grad Celsius entspringt es der Erde. Dort hat es bis zu seinem Austritt zwischen 20 und 30 Jahre lang geruht. Die Quelle ist das ganze Jahr hindurch geöffnet.

> **TIPP**
>
> **Alphornkonzerte auf dem Berg. Am 21. August auf dem Corvatsch, am 22. August auf dem Muottas Muragl, am 23. August auf der Diavolezza. Tel. 00 41/81/8 30 00 00, Fax 00 41/81/8 30 00 09, Internet: www.engadinferien.ch**

Hinterrhein ist ein Bauerndorf wie aus vergangenen Zeiten. Die schmale Dorfstraße verschwindet fast unter Misthaufen. Luft anhalten ist angesagt. Bis Splügen wird die Strecke leider kaum schöner. Wer Zeit sparen will und sich natürlich eine Vignette für die Schweiz gekauft hat, kann das kurze Stück auf der Autobahn überbrücken. Ausfahrt Splügen aber nicht verpassen. Hier beginnt der gleichnamige Pass. Das Dorf sieht noch aus wie damals als Napoleon, Erasmus oder Goethe sich hier von den Strapazen der Bergbesteigung erholten.

Der Passo dello Spluga ist noch ein kleines Abenteuer. Schmal windet sich die Straße den Berg hoch. Im Vergleich mit den grauen Riesen ringsumher fühlt man sich wie ein Zwerg. Der Piz Tambo ragt zur Linken satte 3279 Meter in die Höhe, das Surettahorn 3027 Meter. Hier bekommt man Ehrfurcht vor den Naturgewalten, man könnte beinahe vergessen, Gas zu geben. Der Wagen dreht sich scheinbar unendlich in die Höhe. Bis auf über 2000 Meter. Die Gegend ist bekannt für Murmeltiere – und prompt taucht am Straßenrand ein buschiger Schwanz auf, der gleich wieder hinter einem Felsvorsprung verschwindet.

Karg und ärmlich wird die Landschaft auf dem Weg zum Lukmanierpass.

Chiavenna – »Schlüssel der Täler«

Auf dem Weg nach Chiavenna passiert man Campodolcino. In der kleinen Dorfkirche aus dem Jahr 1528 stehen vergoldete Altäre aus dem 17. Jahrhundert. In Chiavenna selbst hat man sich nach den vielen Drehungen und Wendungen eine Pause verdient. Die Stadt ist auch viel zu schön, um achtlos an ihr vorbeizufahren. Hier vereinen sich Südländisches und Hochalpines.

Früher hatte der Ort, der aus dem Lateinischen übersetzt »Schlüssel der Täler« heißt, eine strategisch wichtige Lage als Ausgangspunkt zum Splügen, Maloja- und Septimerpass. Seine Schlüsselrolle verlor er, als 1882 der Alpentunnel St. Gotthard eröffnet wurde. Man fühlt sich beim Durchfahren der Altstadt auf den schmalen Straßen in uralte Zeiten zurückversetzt – wie auf dem Pestalozzi Platz mit dem mittelalterlichen Palast und Brunnen. Der Ort ist auch berühmt wegen seiner Crotti, alten Höhlen, in denen Käse, Wurst und Wein reifen beziehungsweise konserviert werden. In den durch Erdrutschen entstandenen Grotten herrscht eine gleichbleibende Temperatur von sechs bis acht Grad Celsius. Vor den Höhlen stehen Bänke und Tische, hier sind Lokale, in denen die einheimischen Spezialitäten aufgetischt werden.

Hinter Chiavenna beginnt das kleinste italienisch-sprachige Südtal

Graubündens, das Bergell, das zum Malojapass hinaufführt. In Castasegna befindet sich einer der prächtigsten Kastanienhaine der Schweiz. Fast schnurgerade zieht sich die Straße zwischen den kleinen Dörfern des Bergell hin, bis scharfe Kurven wieder die Reifen zum Quietschen bringen: der Malojapass. Die Tornanti liegen immer dichter beieinander. In einen höheren Gang zu schalten, lohnt sich kaum. 14 Kehren später ist man auf 1815 Meter. Kurz dahinter kommt der gleichnamige Ort, der am Ende des Silser Sees liegt. Bis St. Moritz sind es noch 16 Kilometer. Die führen vorbei am Silser und Silvaplaner See, dann tauchen die Hotelpaläste des mondänen Skiortes auf. Ein weiterer Pass-Leckerbissen kann auf dem Heimweg Richtung Deutschland genossen werden: der Julierpass, der über das rätomromanisch sprachige Oberhalbstein und die Lenzerheide zur Hauptstadt Graubündens führt.

Über Andermatt stockt einem fast der Atem beim Ausblick auf die mächtigen Riesen ringsherum.

Die Oberalpbahn hängt man locker ab.

DIE ROUTE

ETAPPEN:

Andermatt – Oberalppass – Sedrun – Disentis/Muster – Curaglia – Passo del Lucomagno – Olivone – Biasca – Castione – Grono – Mesocco – San Bernardino – Passo San Bernardino – Splügen – Passo dello Spluga – Campodolcino – Chiavenna – Stampa – Malojapass – St. Moritz

ANREISE:

Ausgangspunkt Andermatt:
ab Kreuz Ulm/Elchingen
A 7 bis Memmingen,
A 96 bis Lindau,
A 1 bis Zürich,
A 4, dann A 14 bis Luzern,
A 2 bis Andermatt.

LÄNGE: ca. 250 km
DAUER: 2–3 Tage
WÄHRUNG:
Schweizer Franken

Das Bergell zwischen Chiavenna und dem Malojapass vereint italienisches Flair mit alpiner Schroffheit.

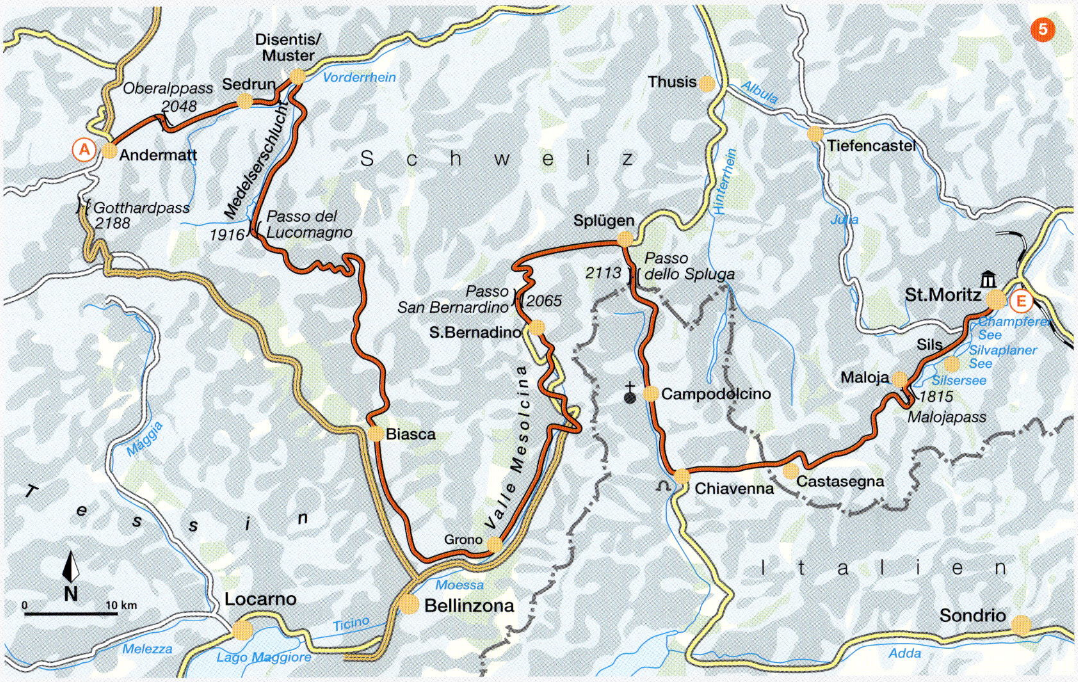

INFORMATION

Schweiz Tourismus
Kaiserstr. 23, 60311 Frankfurt
Tel. 069/2 56 00 10
Fax 069/25 60 01 38
Prospektbestellung rund um die Uhr, **Tel. 069/25 60 01 60**
Internet www.fremdenverkehrs-amt.com/schweiz.html

UNTERKUNFT

Andermatt
Kronen Hotel
Gotthardstr. 64
CH-6490 Andermatt
Tel. 0041/41/8 87 00 88
Fax 0041/41/88 7 18 38
Internet www.kronenhotel.ch
Schönes, zentral gelegenes Hotel.

St. Moritz
Landhotel Meierei
Via Dim Lej 52
CH-7500 St. Moritz
Tel. 0041/81/8 33 20 60
Fax 0041/81/8 33 88 38
E-Mail info@hotel-meierei.ch
Internet www.hotel-meierei.ch
Landhotel, das von St. Moritz aus gesehen am anderen Ende des Sees liegt – ein idyllisches und uriges Anwesen.

ESSEN & TRINKEN

Die Schweiz ist bekannt für ihr Züricher Geschnetzeltes mit Rösti, für deftige Gerstensuppe, Wildgerichte, Berner Platte (Geräuchertes, Würste und Bohnen), Müsli und Käse. Im Tessin wird Polenta, Risotto, Pizza und Pasta serviert. Dazu werden Merlot und Nostrano, aus eigenen Trauben gereift, gereicht. Auch Gletscher-Weine stellen die Winzer her.

SEHENSWÜRDIGKEITEN

Chiavenna
Piazza Pestalozzi, schöner mittelalterlicher Platz mit Pestalozzi-Palast und Brunnen sowie Grotten.

Promontogna
Mittelalterliche Feste, Castelmur mit Kirche Nossa Donna, Öffnungszeiten: 15. Juni–15. Okt., Dienstag–Sonntag 14–17 Uhr, 15. Juli–15. Sept. zusätzlich 9.30–11 Uhr.

St. Moritz
Engadiner Museum, Prunksäle und prächtig getäfelte Stuben, Öffnungszeiten:
Juni–Okt., Dez.–April
Montag–Freitag 9.30–12 Uhr und 14–17 Uhr, So 10–12 Uhr,
Mai und Nov. geschlossen.

Dem Himmel so nah

Der Weg bis zum Timmelsjoch ist weit. Auf 2509 Höhenmetern ist man am Ziel.

Über das eisige Timmelsjoch in die Weingärten Südtirols: Einer der abenteuerlichsten Wege in den Süden ist das Timmelsjoch. Kurven und Kehren scheinbar endlos – auf 2509 Metern ist das Ziel erreicht: die italienische Grenze, eingebettet in Schnee.

Ab Garmisch-Partenkirchen darf das Verdeck geöffnet werden. Die Autobahn ist zu Ende, ab hier führen reizvolle Landstraßen in den Süden. Das Zentrum der Kurstadt ist immer gut besucht, im Sommer mit Wanderern, im Winter mit Skifahrern. Die Häuser sind prachtvoll mit bayerischen Motiven bemalt. Über ihren Dächern thront die Zugspitze. Am östlichen Ortsende befindet sich der Zugang zur Partnachklamm. Ein schmaler Pfad ist in den Felsen gehauen. Teils gebückt läuft man entlang der kristallklaren Partnach durch die felsige Schlucht. Wasser tropft von

Hinter dem Pass geht es hinunter nach Südtirol.

Auf der Wiese vergessen: ein alter Karren.

den Wänden, vereinzelt blinzelt die Sonne in die Klamm.

Ab Grainau erreicht man die Zugspitze (2964 Meter) – entweder mit der Eibseeseilbahn oder mit der Zahnradbahn. Von November bis Mai ist hier die Schneedecke dicht. Vom Liegestuhl aus kann man ein tolles Bergpanorama genießen.

Im Rückspiegel erhebt sich die Zugspitze

Von Garmisch geht es nach Ehrwald und von dort zum Fernpass. Links und rechts ragen Nadelwälder empor. Die Straße beginnt breit, wird aber immer enger. Beim »Aufstieg« sollte man den Rückspiegel im Visier haben, bei entsprechender Höhe hat man einen hübschen Blick auf den Zugspitze. Bei 1209 Meter geht es wieder bergab. Der Pass windet sich hinunter nach Nassereith.

Über Imst trifft man auf die Ache, die in das Ötztal einbiegt. Im Osten erheben sich die Stubaier, im Süden die Ötztaler Alpen. Bekannt wurde das

TIPP

Tappeinerweg von Meran nach Gratsch: Fünf Kilometer lange Wanderung entlang einer wunderschönen von Palmen gesäumten Promenade; Ausgangspunkt ist das Stadtzentrum, Steinerner Weg Meran.

Tal durch den Fund eines 5000 Jahre alten Menschen, den das Eis über Jahrhunderte konserviert hatte: den Ötzi. Sehr beliebt bei Skifahrern ist die Ortschaft Sölden, die kurz vor dem Timmelsjoch liegt. Im Sommer wirkt der Ort hingegen beinahe wie eine Geisterstadt. Die Talstation der Gondelbahn ist ebenso leer wie die Gehwege. Ohne Schnee wirkt der Ort nackt und hässlich – viel Beton und Reklametafeln statt Holzbalustraden und Natur.

Steile Kurven

Hinter Sölden beginnt das Abenteuer Timmelsjoch. Die Hochalpenstraße wurde 1968 fertig gestellt. Sie ist von Ende Juni bis Mitte Oktober (7–20 Uhr) befahrbar. Unzählige steile Kurven bringen den Wagen dem Himmel immer näher. Am Anfang rauschen Wiesen und Wälder vorbei, später kantige Felsen, von denen kleine Sturzbäche herabprasseln. Das Gras schimmert so ockergelb wie die afrikanische Steppe. Von oben sieht man die Passstraße wie einen sich windenden Wurm den Berg heraufkriechen. Es wird immer kälter. In den kurzen Tunnels würde man am liebsten das Verdeck schließen: Die Dunkelheit packt einen eiskalt im Genick, von der Decke sausen dicke Tropfen herab. Doch es lohnt sich weiterhin mit offenem Dach zu fahren. Man riecht hier nicht nur mitten im Sommer den Winter, man sieht ihn auch: Die weißen Spitzen der Berge bohren sich in den blauen Himmel. Am Straßenrand liegt Schnee.

Auf 2509 Metern flattert zum Abschied die österreichische Flagge im Wind, ein paar Meter weiter grüßt die italienische. Schnee und Kälte sind nur noch eine Frage der Zeit, im Tal

Hier feilschen die Bauern um die besten Preise für ihre Schafe.

erwartet Südtirol seine Besucher mit Palmen und Zypressen.

Höfe an steilen Hängen

Am Ende des Passes beginnt das Passeiertal. Zusammen mit dem Ultental bildet es das Burggrafenamt – so genannt wegen seiner vielen Burgen und Schlösser. Es ist die reichste Region Südtirols. Haupteinnahmequellen sind der Fremdenverkehr und der Obstanbau. Bei St. Leonhard wirkt das Land noch rau, die Höfe liegen an steilen Hängen. Die Passer sprudelt entlang der Straße. St. Martin besteht aus hübschen Bauernhäusern, die von riesigen Obstplantagen umgeben sind. Im Herbst sind die Äste voller knackiggelber Äpfel, dahinter erheben sich die Sarntaler Alpen.

Schildhof Saltaus

Die Bauernhöfe sind mit Liebe zum Detail geschmückt.

Hinter St. Martin befindet sich direkt an der Straße der zinnengeschmückte Schildhof Saltaus. Heute beherbergt er ein Hotel mit Restaurant, früher bewohnte der niedrige Adel das prächtige Gebäude. Die Schildhöfe gelten als Besonderheit des Tals. Es gibt insgesamt zwölf solcher Güter im Burggrafenamt. In ihren Besitz kamen die Menschen damals als Gegenleistung für den Waffendienst (Schilddienst) für den Landesfürsten. Sie waren außerdem mit Privilegien ausgestattet wie Steuerbefreiung und Jagd- und Weidrechten.

In Richtung des Wallfahrtsortes Riffian wird die Vegetation allmählich südlicher. Zu den Obstbäumen gesellen sich Weinreben, von denen rote Trauben baumeln. Das Tal wird kurz vor Meran eng. Links und rechts werden das Schloss Schenna und die Zenoburg über der Passerschlucht sichtbar.

An der Strecke liegt kurz vor Meran das Dorf Tirol. Es ist eine der ältesten Siedlungen des Burggrafenamtes. Von hier aus gelangt man auf einem ein Kilometer langen Fußweg zum Schloss Tirol, das dem Land seinen Namen gibt. Es wurde 1125 bis 1140 erbaut. Sein Name stammt von einem uralten Höhenweg oberhalb des Meraner Beckens. Meran, die zweitgrößte Stadt Südtirols, sollte man auf keinen Fall links liegen lassen. Wegen seiner geringen Luftfeuchtigkeit hat es den Status eines Kurortes. Hier wird die mediterrane Ader Südtirols zum ersten Mal so richtig fühl- und sichtbar: Mondäne Villen mit Palmen in den Gärten, im Stadtkern unzählige

In weiten Bögen bringen uns die Kehren dem Himmel immer näher.

Straßen-Cafés und kleine Gässchen, gesäumt von den so genannten Lauben (Torbögen), in denen kleine Geschäfte untergebracht sind.

Meran verlässt man in Richtung Lana. Der Ort hat keine besonderen Reize, ist aber sehr wohlhabend, da er der wichtigste Obstproduzent Südtirols ist. Riesige Apfelplantagen umgeben den Ort. Hier wird ein Teil des Obstes auch zu Marmelade und Säften verarbeitet.

Weinhänge voller sonnenreifer Trauben

Hinter Lana beginnt die Südtiroler Weinstraße, eine wunderschöne Panoramastrecke, die kurz vor Trient endet. Die Obstplantagen werden allmählich durch Weinhänge voller sonnengereifter Trauben ersetzt. Von der Straße aus blickt man ringsherum auf das grüne Laub der Weinpflanzen, im Hintergrund auf der rechten Seite ragen die Berge der Ortlergruppe empor. An der idyllischen Strecke passiert man urige Weindörfer wie Terlan und Margreid oder berühmte Orte wie Eppan und Kaltern, wo Tröpfchen wie der Vernatsch, Blauburgunder oder der Gewürztraminer gären. 70 Prozent der

TIPP

Weinverkostung im Rebschulhof Kaltern (auch Zimmervermietung): Dort werden Chardonnay, Cabernet und Kalterersee eingekeltert. Der Besitzer ist Weinbaufachmann.
Benin Martin, Saltnerweg 32, I-39052 Kaltern 1,
Tel. 0039/0471/96 26 09,
Fax 0039/0471/96 4 06

S PR 33

rund 50 km² Rebfläche Südtirols werden entlang der Weinstraße angebaut. Aus 20 Weinsorten werden jährlich 400 000 bis 500 000 Hektoliter Traubensaft gewonnen. Von Kaltern aus empfiehlt sich ein Abstecher zum Kalterer See, dem wärmsten See der Alpen, der inmitten von Wald und Reben ruht. Auf der Weiterfahrt kommt man durch Tramin, den Heimatort des Gewürztraminers. Hier sei allen Kunstfreunden der Weg zum Kirchlein St. Jakob in Kastellaz empfohlen, das einen herrlichen romanischen Freskenzyklus beherbergt.

TIPP

Hotel Saltauserhof,
Passeierstr. 6,
I 39010 St. Martin,
Tel. 0039/0473/64 54 03,
Fax 0039/0473/64 55 15,
Internet:
www.saltauserhof.com.

Mit Fresken verzierte Häuser

Hinter Margreid endet dann Südtirol. Das Meer der Reben wird schlagartig weniger. Bis Trient sind es jetzt nur noch wenige Kilometer. Entweder weiter über die Landstraße (Mezzocorona, S. Michele all' Adige, Lavis) oder über ein kurzes Stück Autobahn ab S. Michele Mezzocorona erreicht man die schöne Provinzhauptstadt mit eindrucksvollem Dom und freskengeschmückten Häusern.

Die Sonne heizt dem Schnee ganz schön ein. Das Schmelzwasser fließt.

Bild Seite 64: Den Weg über das Joch nehmen nur echte Kurven-Freaks auf sich – so muss man die Straße auch nicht mit allzu vielen teilen.

INFO ROUTE

ETAPPEN:

Garmisch-Partenkirchen (Ausgangspunkt) – Grainau – Lermoos – Biberwier – Nassereith – Imst – Oetz – Längenfeld – Sölden – Zwieselstein – Timmelsjoch – St. Leonhard – St. Martin – Dorf Tirol – Meran – Merlan – Lana – Terlan – Eppan – Kaltern – Tramin – Margreid – Mezzocorona – Trento

ANREISE:

Ausgangspunkt Garmisch-Partenkirchen: ab München A 95 bis Ausfahrt Garmisch-Partenkirchen.

LÄNGE: 220 km
DAUER: 3 Tage

INFORMATION

Tourismusverband Ötztal
Postfach 2
A-6433 Oetz im Ötztal
Tel. 0043/5252/66 69
Fax 0043/5252/66 69 75
Internet www.tiscover.com/oetz

Tourismusverband
Meraner Land
Gampenstr. 101
I-39012 Meran
Tel. 0039/0473/20 04 43
Fax 0039/0473/20 01 88
Internet www.meranerland.com

Südtirol Marketing
Pfarrplatz 11
I-39100 Bozen
Tel. 0039/0471/41 38 08
Fax 0039/0471/41 38 89
Internet www.hallo.com

UNTERKUNFT

Grainau
Haus Neuner, Marianne Milian,
Kramergasse 4
82491 Grainau
Tel. 08821/89 95
Fax 08821/89 9X
Urig eingerichtete Pension mit günstigen Übernachtungspreisen.

Sautens (Ötztal)
Hotel Daniel ***
Familie Pohl
A-6432 Sautens, Ötztal
Tel. 0043/(0)5252/62 72
Fax 0043/(0)5252/62 72-7 Internet www.hotel-daniel.com
Hotel in schöner Lage oberhalb des Ortes, preisgünstig im Sommer.

St. Martin
Saltauserhof
siehe Tipp im Text

Dorf Tirol
Gasthof Schloss Thurnstein
St. Peter
I-39019 Dorf Tirol
Tel. 0039/0473/22 02 55
Fax 0039/0473/22 05 58
In schöner Lage oberhalb von Meran herrscht eine romantische Burgatmosphäre.

Kurtatsch
Kraidlhof
Familie O. Mayr
Hofstatt 2
I-39040 Kurtatsch 1
Tel. 0039/0471/88 02 58
Sehr ruhig gelegener Bauernhof in herrlicher Panoramalage.

ESSEN & TRINKEN

Südtirol ist berühmt für seine Weine: Kalterersee Auslese, Vernatsch, Blauburgunder, Cabernet etc. Entlang der Weinstraße befinden sich viele Weingüter, die ab Hof verkaufen. Auf den Tisch kommen außerdem unzählig viele Knödel-Varianten – deftig als Kräuter-, Spinat-, Käse-, Speckknödel oder süß als Marillen-, Topfen-, Zwetschgenknödel. Ebenso typisch sind die Schlutzkrapfen (Teigtaschen gefüllt mit Spinat, Frischkäse, dazu Butter, Parmesan), das Bauerngröstl oder der echte Tiroler Speck.

Bild Seite 66: Meran ist einen Zwischenstopp wert. In der Innenstadt lässt es sich unter den historischen Laubengängen gut verweilen.

SEHENSWÜRDIGKEITEN

Schloss Tirol
Frühgotische Fresken, Kreuzigungsgruppe in Kapelle, geöffnet Mitte März–Anfang Nov., 10–17 Uhr, Montag geschlossen.

Leonhard in Passeier
Führung zur Fundstelle des 5000 Jahre alten Ötzi, Bergführervereinigung Passeier-Schnals,
Jaufenstr. 40
I-39015 Leonhard in Passeier
Tel. 0039/0473/65 67 88

Trento
Piazza del Duomo mit Neptunbrunnen (1768) und Dom San Vigilio.

Abtauchen und Aufdrehen

Rings um den Gardasee erlebt man italienisches Flair gepaart mit alpinem Charme.

Gardasee – Genießer können hier abtauchen: im blauen Wasser, zwischen gelb getünchten Häusern – oder aufdrehen: auf den kurvenreichen Straßen, die sich um die Felsen schmiegen.

Ab Trento ist das Verdeck überflüssig. Eine Landstraße windet sich über Cadine und Vezzano in das Sarca-Tal. Die Autobahn-Zugluft wird von milder Schwüle abgelöst. Hinter den Weinreben erhebt sich rechts die Bergkette des Casale, links die des Stivo. Je näher man Arco kommt, desto weniger blaue Trauben sieht man, an den dünnen Ästen der Bäume reifen Oliven. Über Arco thront bizarr die Burg. Hier lebten die Grafen von Arco. Im 13. Jahrhundert erbaut wurde die alpine Festung 1703 zum wiederholten Male zerstört. Heute kann man die

Auf dem Weg zum Lago di Ledro darf man einige Kurven ziehen.

Burg auch über einen 20-minütigen Fußmarsch erreichen. Zwei Türme und die Kapelle sind noch zu besichtigen.

Radlerhosen statt schickem Zwirn

Die Menschen in den schmalen Gassen von Arco sehen gar nicht aus, wie man es von Italienern erwartet: statt Leder- zieren Turnschuhe die Füße, über die Oberschenkel spannen sich statt schickem Zwirn Radlerhosen. Der Ort ist das Eldorado der Sportler. An den Felsen hangeln sich Freeclimber entlang, Mountainbiker und Wanderer schrauben sich auf schmalen Pfaden in die Höhe. In Arco hält man sich in Richtung Torbole, der »europäischen Hauptstadt der Surfer«. Hier sind die Urlauber auf ihr Dach als Stauraum angewiesen. Auf den Gepäckträgern sind ihre Boards befestigt, mit denen sie wegen der optimalen Windverhältnisse schon am frühen Morgen kurz nach Sonnenaufgang über die Wellen sausen. Heute bevölkern sie den Ort, der Goethe 1786 auf seiner Italienreise wegen seiner bizarren Kulisse aus See und steil aufragenden Felswänden in seinen Bann zog. Er genoß das Panorama bei einem Abendspaziergang und anschließend die ersten Feigen seines Lebens. An den Aufenthalt des Dichters erinnert heute eine Gedenktafel an der Casa Alberti auf der Piazza Vittorio Veneto. Am Tag darauf wurde er übrigends beim Zeichnen in der Burg von Malcesine vorübergehend als österreichischer Spion festgenommen.

Die Straße windet sich direkt am See entlang nach Malcesine. Zur Linken ragen Felsen in die Höhe, rechts breitet sich der See aus, sein Ufer erinnert an Fjordlandschaften. Der kleine Ort Malcesine gilt als »die Perle des Gardasees«. Um die Scaligerburg verläuft ein Netz aus vielen Gässchen. Mit dem Cabrio würde man hier stecken bleiben, deshalb am besten auf der Hauptstraße parken. Beinahe an jeder Ecke befindet sich ein kleines Café oder Ristorante. Touristen löffeln, an die steinernen Wände gelehnt, den Milchschaum vom Cappuccino. Eine Visite wert ist

Auf der Straße entlang des Sees passiert man malerische Dörfer.

INFO

DAS OLIVENÖL

Das Olivenöl, das am Gardasee gewonnen wird, ist »Extravergine«, das heißt besonders rein, von bester Qualität. Die Ursprungsbezeichnung DOP »Garda« mit Angabe des geographischen Produktionsgebietes – »Orientale«, »Bresciano«, »Trentino« – garantiert die Qualität des Produkts.

Der Säuregehalt des Gardasee-Olivenöls liegt nicht über 0,7 Prozent. Je niedriger der Säuregehalt, desto besser die Qualität. In der kulinarischen Tradition rund um den Gardasee spielt das Olivenöl eine wichtige Rolle. In den Plantagen in den Hügeln baumeln unzählig viele Früchte an den dünnen Zweigen. Die Produktion ist schon seit Jahrhunderten ein wichtiger Erwerbszweig.

Die Italiener schwören auf die gute Verdaulichkeit und die Heileigenschaften des Olivenöls. Ihm wird nachgesagt, dass es den Anteil von Cholesterin im Blut verringert, das Risiko eines Arterienverschlusses vermindert, Blutdruck und Blutzuckerspiegel senkt. So wird in der italienischen Küche nicht mit dem Öl gespart. Spaghetti werden »con olio ed aglio« serviert, also mit viel Olivenöl und Knoblauch. Gemüse wird darin eingelegt und konserviert, Salate angemacht – und von den Alten wird es täglich sogar pur getrunken: ein Schnapsglas auf die Gesundheit!

Straßencafés laden zum Verweilen bei einer Tasse Cappuccino ein.

der in venezianischer Gotik erbaute Palazzo dei Capitani. Er befindet sich im Ortskern direkt am See. Der aus dem 15. Jahrhundert stammende Bau war einst Sitz des venezianischen Gouverneurs vom Ostufer, der abwechselnd in Garda, Torri und Malcesine residiert hat.

Zur Seeseite hin ist ein kleiner idyllischer Palmengarten mit einer Anlegestelle, über die der Capitano seine damals feudale Behausung mit dem Schiff erreichen konnte. Von Malcesine aus fährt eine Seilbahn bis auf 1800 Meter Höhe auf den Monte Baldo – eine schöne Aussichtsterrasse auf den Gardasee.

Prachtvolle Palazzi

Bei Torri del Benaco breitet sich die glitzernde Seefläche immer mehr aus. Hinter einer Landzunge liegt Garda. Der Ort hat dem See seinen Namen gegeben. Im Mittelalter lag bei Garda

INFO

DIE WEINKULTUR

Der Bardolino Classico ist der namhafteste Rotwein am See: rubinrot, trocken, leicht bitter im Unterton, nach der Ernte vier Jahre ausgereift. Die Trauben, aus dem der Valpolicella gewonnen wird, reifen jenseits der Etsch in Richtung Verona. Experten stellen ihn über den Bardolino: kräftiger im Geschmack, allgemein langlebiger. Er hat einen Stammplatz auf den Weinkarten am See. Ebenso beliebt ist der im trentinischen Etschtal heimische Marzemino. Ihm wird ein beaujolais ähnlicher Charme mit zartem Mandelgeschmack nachgesagt.
Südlich von Peschiera sind die Lagen Colli Morenici Mantovani del Garda. Dort reifen die Trauben für Rot- und Weißwein. Der Bianco ist dem Veroneser Soave sehr ähnlich. Bekannt ist auch der Tocai di San Martino della Battaglia, der sich an der Südspitze des Sees ansiedelt: zitronengelb, blumig, trocken, leichter Bittermandelgeschmack.
Zum Reben-Großareal zählt östlich und südöstlich von Peschiera der Lugano. Dieser Wein genießt den Ruf des besten Biancos aus dem Gebiet Garda-Verona.
Eine Besonderheit im Sarcatal (hinter Arco): der Vino Santo, eine bernsteinfarbene Spätlese aus weißen Nosiola-Trauben. Sie werden sechs Monate auf Holzregalen – im Dialekt Arele genannt – halb getrocknet, in abgedichteten Fässern gelagert und – so der Brauch – am Karsamstag gekeltert. Das Ergebnis ist der »heilige Wein«. 100 Kilogramm frische Trauben ergeben etwa zehn Liter Dessertwein. Qualitätsbewusste Weinbauern lagern ihn noch mindestens drei Jahre in Caratelli, kleinen Eichenfässern.

Flanieren und Sonnetanken am See.

dank Karl dem Großen die Rechtsprechung über das gesamte umliegende Gebiet. Prachtvolle Palazzi zeugen heute noch von dem Einfluss der venezianischen Herrschaft.

Einen noch berühmteren und klangvolleren Namen als Garda hat der Ort Bardolino. Weinliebhaber verweilen hier gern. Hier wird der gleichnamige rote Tropfen hergestellt. Seine Trauben gedeihen im milden Klima in den umliegenden Hügeln. Schon die Römer, darunter kein geringerer als Julius Cäsar, schätzten den trockenen, rubinroten Traubensaft. Die Römer waren es auch, die dem Ort seinen Namen gaben. Die Namenspatronin war der Überlieferung nach die germanische Prinzessin Bardoli. Der Ort wurde 807 das erste Mal urkundlich erwähnt.

Temperamentvolle italienische Lebensweise

Der Landstraße folgt man weiter bis zur Südspitze des Sees. Über Lazise und Peschiera gelangt man nach Desenzano, mit 20 000 Einwohnern der größte Ort am Gardasee. Hier sprudelt das italienische Leben. In den Arkaden direkt am Hafen sind zahllose Geschäfte und die Touristeninfor-

In jedem Ort werben Hotels und Alberghi um Übernachtungsgäste.

TIPP

Pfahlbauten in Molina di Ledro: Siedlung 2000–1800 v. Chr., vom 16. Juni–10. Sept. 10–13 Uhr und 14–18 Uhr, vom 11. Sept. – 15. Juni 9–13 Uhr und 14–17 Uhr geöffnet. Montag geschlossen.

mation untergebracht. Dahinter öffnet sich die Ostseite des Sees.

Die Straße führt von der blauen Oberfläche des Sees weg ins Hinterland. Dort schlängelt sich die Straße durch das Valtenesi. Obst- und Gemüseanbau ist hier seit Jahrhunderten Tradition. Die Gegend ist auch bekannt für ihren Wein- und Olivenanbau. Die Trauben, die an den Reben reifen, erhalten später mal das Etikett »Garda Classico« DOC. Das Städtchen Salò liegt am Ende der tief ins Land hineingezogenen Bucht. Ab hier schmiegt sich die Straße wieder ans Gewässer. Richtung Gargagno bestimmen steil ins Wasser abfallende Berge das Landschaftsbild. Kein Weg führt auf die Felsen hinauf, entlang der Straße führen Tunnel durch die gewaltigen Riesen.

Limone ist, wie es der Name schon sagt, bekannt für seinen Zitronenanbau. Doch eigentlich ist der Name auf das lateinische Wort »limes« (Grenze) zurückzuführen. Bis zum Ende des Ersten Weltkriegs lag der Ort an der italienischen Grenze zu Österreich. Zwei Jahrhunderte lang lebte es als das nördlichste Zitronenanbaugebiet der Welt vom Export der damals seltenen Früchte. Heute hat es wie alle anderen Gardasee-Orte den Tourismus als Haupteinnahmequelle.

Durch Tunnel, die an vielen Stellen zum See hin geöffnet sind, geht es weiter nach Riva. Im schönen, alten Hafen kann man bei einer großen Portion Eis die Tour ausklingen lassen.

Abstecher zum Lago di Ledro

In Riva folgt man der B 240 in Richtung Lago di Ledro. Früher hat man das Tal auch noch über eine

Am See herrscht eine entspannte Atmosphäre: Siest am Tretbootverleih.

schmale Straße erreicht, die sich abenteuerlich den Berg hinaufgewunden hat. Heute beginnt der Ausflug zum knapp drei Kilometer langen See mit einem Tunnel. Die Strecke und die Idylle danach entschädigen für die düstere Fahrt.

Hinter Biacesa schlängelt sich die Straße durch grünes Hügelland, über dem die Ausläufer der Trentiner Alpen thronen. In 20 Minuten hat man den türkisblauen Bergsee erreicht. Er ist 2,8 Kilometer lang und 1,2 Kilometer breit. Das auf knapp 700 Höhenmetern gelegene Gewässer ist kälter als der Gardasee, dafür weit weniger touristisch. Wer den See umrunden mag, hält sich in Pieve di Ledro Richtung Campingplatz.

Dahinter beginnt eine schmale Straße, auf der man die bewaldete Seite des Sees erkunden kann. Am Ostufer des Lago di Ledro stehen unzählig viele dunkelbraune Holzpfähle. Forscher datierten ihre Herkunft auf das Jahr 1700 vor Christus zurück. Während der Bronzezeit lebten hier Menschen (die kaum größer als 1,56 Meter waren) in einem Pfahlbaudorf, das sich auf 4500 Quadratmeter erstreckte (siehe Tipp). Sie lebten von Landwirtschaft und Fischfang, produzierten Keramik und Webwaren, trieben Handel und hatten einen ziemlich hohen Lebensstandard. Die Pfähle kamen zum Vorschein als 1929 durch das Ponale-Kraftwerk in Riva der Wasserspiegel gesunken war.

Im Idealfall hat man von seinem Hotelzimmer aus einen herrlichen Blick auf den See.

TIPP

Alljährlich findet vom 29. Sept.–2. Okt. das Wein- und Traubenfest zu Ehren des »Bardolino Classico D.O.C.« statt, Internet www.bardolino.it.

Hier endet die Straße. Zu Fuß weiter zum Monte Baldo.

Der Lago di Ledro ist weit weniger von Touristen heimgesucht als sein großer Nachbar.

INFO

DER GARDASEE

Der Gardasee (ital. Lago di Garda) ist mit 370 Quadratkilometern der größte See Italiens. Der See ist 52 Kilometer lang und 17,5 Kilometer breit. Den Namen hat der See von der Burg oberhalb des Ortes Garda, der Rocca di Garda. Sie war Verwaltungszentrum des »territorio gardense«, so eine Urkunde des Langobardenkönigs Liutprand (712–744).
Der Gebietsbegriff dürfte im Wandel auch für den See übernommen worden sein. In vielen Karten wird aber auch immer noch der Titel »Lago di Benaco« genannt. Namensgeber ist angeblich ein Anführer und Seher der in Toscolano siedelnden gallischen Ceno-manen namens Acus.
Im Norden ist er recht schmal und von steilen Felsufern begrenzt, weiter südlich verbreitert er sich und ist dort von flachen Ufern umgeben. Er ist an den beiden Seiten von den Südalpen flankiert, vom Monte Baldo und von den Brescianer Vorbergen. An der tiefsten Stelle misst der See 364 Meter. Hauptzufluss im Norden ist die Sarca, südlicher Abfluss der Mincio bei Peschiera.
Politisch unterliegt der See den Provinzen Trento, Verona und Brescia. Zur Reinhaltung des Wassers sind von den Anlegerprovinzen Ringkanalisationen geschaffen worden, gekoppelt an moderne Kläranlagen. Jährlich registriert man rings um den See 14 Millionen Übernachtungen.

Bild Seite 77: *Allerorten ankern in den Buchten viele kleine Boote.*

Abstecher zum Monte Baldo

Circa 300 Meter hinter Castelletto di Brenzone biegt man auf ein schmales Bergsträßchen Richtung Prada ab. Für zwei Autos ist auf der Strecke kaum Platz, man sollte daher vorsichtig fahren und vor unübersichtlichen Kurven auf die Hupe drücken. Durch Wald geht es nach oben. Die Straße ist abschnittsweise nicht mehr geteert. Der Kies spritzt unter den Reifen weg. Das Laub links und rechts der schmalen »Piste« wuchert beinahe ins Auto. Man hat das Gefühl, sich ducken zu müssen, um nicht von Zweigen gestreift zu werden. Noch abenteuerlicher wird es bei Gegenverkehr. Ausweichmöglichkeiten sind vor allem im Wald rar. Da bleibt nur zu hoffen, dass der Entgegenkommende den Rückwärtsgang einlegt.

Ab Prada hält man sich Richtung Covalli. Der Bewuchs wird immer lichter, nur noch sanftgrünes Weidengras. Wie ausgesetzt wirken die wenigen Kühe in der Höhenlage, die sich dicht an der Straße, ihre Nahrung zupfen. Man folgt der Strecke bis sie abrupt in einer Wiese endet. Man befindet sich auf 1911 Meter. Vor der Windschutzscheibe baut sich der Monte Baldo auf. Noch fern, aber dennoch erreichbar. Man kann den Wagen hier stehen lassen und sich auf eine circa zweieinhalbstündige Wanderung zur Bergkuppe begeben. Auf 2053 Meter lädt eine bewirtschaftete Hütte zur Rast ein.

INFO ROUTE

ETAPPEN DER SEE-ROUTE:

Trento – Arco – Torbole – Malcesine – Bardolino – Desenzano – Salò – Gargnano – Limone – Riva

ABSTECHER LAGO DI LEDRO:

Riva – Biacesa – Molina di Ledro – Pieve di Ledro

ABSTECHER MONTE BALDO:

Castelletto di Brenzone – Prada – Covalli – Parkplatz Monte Baldo

ANREISE:

Ausgangspunkt Trento: ab München A 8 bis Inntal Dreieck, A 93/A 12 bis Innsbruck, Brennerautobahn A 13/A 22 bis Trento.

LÄNGE: ca. 250 km (inklusive Abstecher)

DAUER: 3 Tage

INFORMATION

Staatliches Italienisches Fremdenverkehrsamt
Kaiserstr. 65
60329 Frankfurt
Tel. 069/23 74 30
Fax 069/23 28 94
www.unterkunft.de

UNTERKUNFT

Malcesine
Hotel Augusta ***
Loc. Panzano 27
I-37018 Malcesine
Tel. 0039/045/7 40 03 00
Fax 0039/045/7 40 03 51
Internet
augusta@malcesine.com
Familienbetrieb mit Swimmingpool, Balkon mit Seeblick.

Bardolino
Hotel Al Parco
Via Fosse 20
37011 I-Bardolino
Tel. 0039/045/7 21 00 39
Fax 0039/045/6 21 26 85
Internet www.hotelparco.it
In der Altstadt gegenüber vom jahrhundertalten Park gelegen, 120 Meter Luftlinie zum See.

Desenzano
Residence Villa Maria
Via Michelangelo 150
I-25015 Desenzano
Tel. 0039/030/9 90 17 25
Fax 0039/030/9 11 07 34
Internet
www.gardalake.it/villa-maria
Zwei Kilometer vom Ortskern entfernt, inmitten eines großen Parks, wenige Gehminuten zum nächsten Strand.

ESSEN & TRINKEN

Die Regionen rings um den See sind ein einziges Feinschmecker-Paradies. Vom Bardolino bis zum Chardonnay wachsen hier die Trauben an den sonnigen Hängen. Die Abfüllungen sind auf den Weinkarten der Restaurants zu finden. Man kann sich eine Gardaseeforelle an Gemüse zubereiten lassen, Trüffel verkosten oder den typisch italienischen Gerichten wie Pizza, Pasta und Risotto frönen. Man sollte auch nicht vergessen, regionales Olivenöl mit nach Hause zu nehmen. Den Dolci – von sahniger Eiscreme über Tartufo bis Tiramisù – kann man nur schwer widerstehen. Den Magen schließt ein Espresso.

Wenn der Wind bläst, bevölkern sie den See: Segler und Surfer.

SEHENSWÜRDIGKEITEN

Trento
Piazza del Duomo mit Neptunbrunnen (1768) und Dom San Vigilio.

Malcesine
Malerische Altstadt mit engen Gassen und Scaligerburg (aus 13./14. Jahrhundert) mit steil zum See abfallendem Felssporn.

Riva del Garda
Piazza 3 Novembre, eingefasst von Laubgängen, 34 Meter hoher Stadtturm Torre Apponale aus 14. Jahrhundert.

Varone-Wasserfälle
100 Meter hoher Wasserfall, der durch einen turmhohen Spalt in die Tiefe rauscht, Mai–August täglich 9–19 Uhr geöffnet; 3 km nördlich von Riva (beschildert).

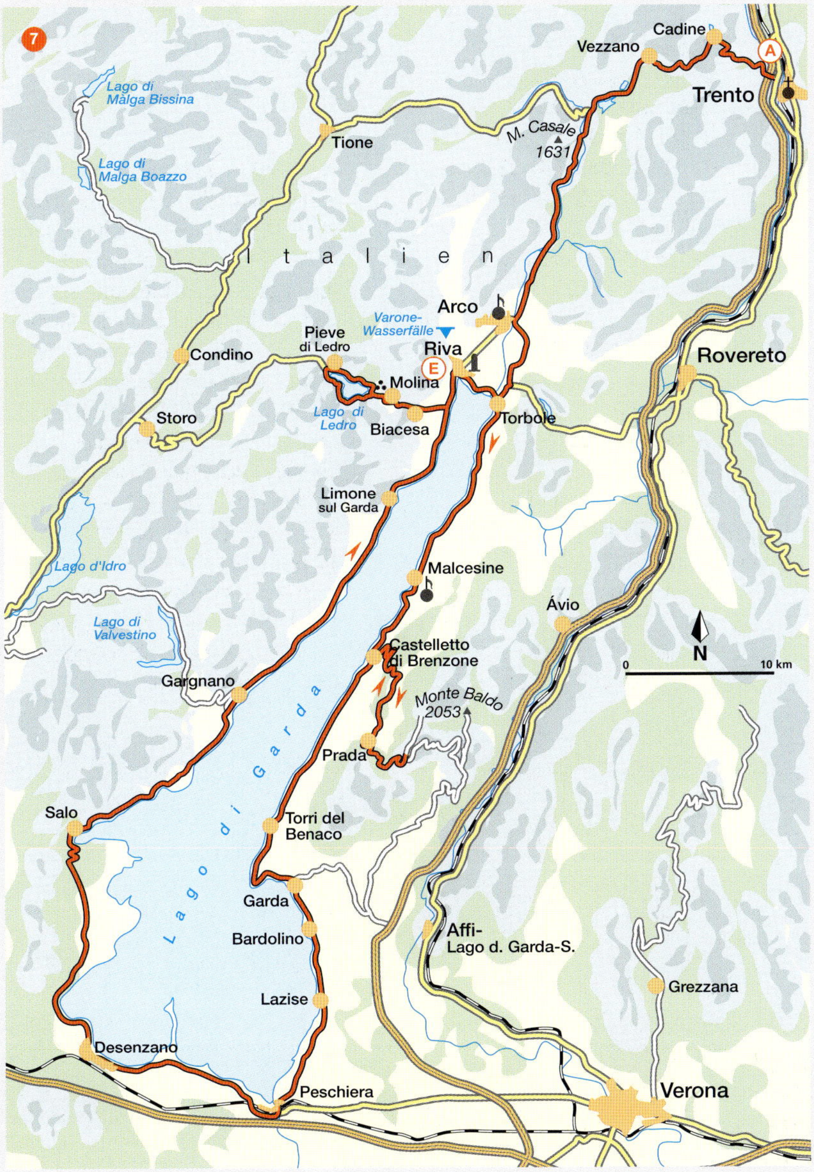

Dolce Vita auf Eis

Kurz hinter Bozen beginnt die Große Dolomitenstraße, eine Panoramastrecke durch das Herz der zackigen Gipfel Norditaliens.

Über die Große Dolomitenstraße ins venezianische Belluno: Die Belluneser Dolomiten sind ein Geheimtipp. Oben erlebt man im Cabrio eine felsige Landschaft mit Ausblick auf das ewige Eis, im Tal in Venetien das Dolce Vita Italiens.

Im Norden von Bozen befindet sich der Eingang ins Eggental, der Ausgangspunkt der Großen Dolomitenstraße, die bis Cortina d'Ampezzo führt. Die 110 Kilometer lange Panoramastraße war ein Geschenk der Bewohner an Kaiser Franz-Joseph I. zu dessen 50-jährigem Regierungsjubiläum, allerdings wurde sie erst 1909 zu seinem 60. Geburtstag eingeweiht.

Ist es auf dem Brennerpass noch bitterkalt, die Natur noch kahl, hat hier die Frühjahrssonne die Bäume schon zum Blühen gebracht. Rosa sprießt es am Straßenrand in Karneid, an den Zweigen sind schon die ersten grünen Blätter zu sehen. Nur wenige Hundert Meter später vergisst man beinahe, dass Frühling ist; nur die milde Luft, die ins Cabrio treibt, erinnert noch daran. Nach einem kurvenreichen Waldstück wachsen links und rechts mächtige Felsen in den Himmel. Zum großen Teil sind die graubraunen Riesen von Drahtnetzen überzogen. Man braucht sich also keine Sorgen machen, dass einem das Oben-Ohne-Erlebnis zum Verhängnis werden könnte.

Im Frühjahr bleibt die weiße Pracht noch lange liegen.

Kleine Orte folgen: Birchabruck (Nova Levante) und Welschnofen (Ponte Nova). Zwischen den einfachen Häusern im schnörkellosen norditalienischen Stil finden sich neue, reichlich mit Holz verzierte Domizile. Tafeln mit »Camere/ Zimmer« werben um Übernachtungsgäste. Nicht die Massen, aber einige Touristen kommen hierher der Lage wegen – es sind nur wenige Kilometer ins Zentrum von Bozen, und von hier ist es auch nicht weit zu den berühmten Skigebieten der Dolomiten.

Bild Seite 83: Die Einfahrt ins Eggental ist gerahmt von steil aufragenden Felsen.

Die Straße verläuft immer zackiger

Je höher die Straße steigt, desto kühler wird es. Große Tannen ragen in den Himmel. Die Straße verläuft immer zackiger, die Kurven nehmen

4
SS 241

Schöne Kurven geleiten uns auf 2239 Meter.

zu. Langsam schraubt man sich auf den Passo Costalunga (Karerpass) hoch. Auf der Strecke passiert man den großen Komplex des Grand Hotel Carezza. Auf 1752 Metern ist man auf der Spitze und verlässt damit auch Südtirol und fährt tiefer in die Gipfelwelt des Dolomitenlandes hinein. Linker Hand befindet sich die fast 3000 Meter hohe Rosengartenspitze.

In den Abendstunden oder am frühen Morgen kann man hier ein Naturschauspiel erleben: das Alpenglühen. Das unter- oder aufgehende Licht der Sonne färbt die hellen Felsen in Nuancen aus Rot, Orange, Rosa und Gold. Für das »Erröten« der Felsen haben die Ladiner einen besonderen Namen: »enrosadüra«.

Bis Canazei sollte man eigentlich einen Autopiloten einschalten, wenn man ihn schon erfunden hätte. Rundherum gibt die Straße den Blick auf die prächtigen Riesen der Dolomiten frei, ganzjährig schimmern die Spitzen weiß. Auf 1465 Meter liegt Canazei, der Ort lebt vom Wintersport. Eine Gondel gleitet hoch ins Skigebiet, auf der Straße geht es etwas holpriger auf

TIPP

Gotischer Stadtkern von Bozen mit Geschäften unter Lauben, Bozener Dom aus dem 13. Jahrhundert, Öffnungszeiten: Montag–Freitag 9.45–12 Uhr und 14–17 Uhr; Samstag 9.45–12 Uhr

den Passo di Pordoi. Im Winter ist die Strecke gesperrt, dann türmt sich meterhoch der Schnee, erst ab Mai dürfen hier Bergfans die Kehren zählen. Unzählige Male muss man kräftig ins Lenkrad greifen, um den Wagen um 180 Grad zu drehen. Auf 2239 Metern kann man die Finger entspannen.

Hier verläuft die Grenze zur Region Venetien und im Norden erblickt man die Sella-Gruppe, im Osten die Ampezzaner Dolomiten. Auf der Plattform bläst der Wind kräftig, Schneereste laden zu einer Schneeballschlacht ein. Daneben ein kleiner Schrein mit einer Madonna. Die Pracht der Dolomiten lehrt Gottesfurcht. Bevor es wieder nach unten geht, empfiehlt sich ein Stoßgebet, dass die Bremsen nicht versagen. Über 30 Kehren müssen bezwungen werden. Dabei passiert man Skiorte wie Arabba oder Alfauro, im Winter sind hier alle Betten ausgebucht, denn Schnee ist dem Ort immer sicher.

Tiefer Glaube ist allgegenwärtig

Je weiter man sich von den weißen Gipfeln ins Tal bewegt, desto ursprünglicher werden die Dörfer. Die Religiosität der Italiener ist allgegenwärtig, jeder noch so kleine Ort hat eine Kapelle. An den Straßenecken sind ins Mauerwerk Schreine für Madonnen eingelassen oder sie zieren blumengeschmückte Kreuze. Hinter

In Cortina d'Ampezzo endet die Große Dolomitenstraße.

Livinallongo del Col di Lana muss man sich Richtung Alleghe und Belluno halten. Den nächsten, größeren Ort Agordo kann man auch über den Passo Duran erreichen. Hinter Dont führt eine schmale Straße den Fahrer noch einmal hoch hinauf auf gut 1600 Meter. Die direkte Strecke ist weniger aufregend: kleine Dörfchen, markant darunter Caprile.

Auch die Ladiner sind in den Dolomiten zu Hause. Ihr Anteil an der Bevölkerung ist über die Jahrzehnte beträchtlich geschrumpft. Sie kämpfen aber dennoch für den Erhalt ihrer Kultur und Sprache. Das schwer verständliche Ladinisch stammt vom Latein ab. Die Urbevölkerung der Räter übernahm im fünften Jahrhundert die Sprache der neuen römischen Landesherren. Die Römer verschwanden, die Rätoromanen blieben. In Südtirol profitieren die Ladiner von der Autonomie, die ihre sprachlichen und kulturellen Besonderheiten schützt. In den Provinzen Belluno und Trient haben sie nur minimale Sonderrechte.

Alleghe mit seinem kleinen See, der sich hier hinter einer Geröll-Lawine gestaut hat.

Hinter einer Kurve in der Ortsdurchfahrt stehen mehrere alte Holzhäuser mit großen Balkonen, eigentlich gar nicht typisch für diese Region, die sich eher in Stein präsentiert. Kurz darauf folgt Alleghe. Unter den schroffen Wänden der Civetta schimmert der grüne Bergsee, in dessen Wasser

sich das Dorf auf der Halbinsel spiegelt. Den idyllischen See hat Alleghe einer Naturkatastrophe im Jahr 1771 zu verdanken. Eine Geröllawine vom Monte Piz schnitt den Lauf des Flusses Cordevole ab, so dass sich das Wasser an den Gesteinsmassen staute und acht kleine Siedlungen überschwemmte.

»Prächtige Stadt« Belluno

Im Tal wird die karge, felsige Landschaft wieder von grünen Wiesen abgelöst. Ab Agordo nähert man sich entlang des Flusses Cordevole Belluno. Beinahe von jedem zweiten Haus, hat es den Anschein, werben Schilder mit »Ristorante/Pizzeria« und »Camere«. Die breite Straße zur Hauptstadt des Piavetals ist eher eine Durststrecke, die aber durch die venezianisch geprägte Stadt, die man kurze Zeit später erreicht, entschädigt wird. Belluno (»Prächtige Stadt«) hat nicht aus Zufall ihren Namen. Mit dem Cabrio kann man, um einen ersten

Nach dem Passo Pordoi wird die Luft immer wärmer, schließlich fährt man auch immer tiefer nach Venetien hinein.

Auch für Motorradfahrer sind die kurvenreichen Passstraßen ein Anziehungspunkt.

Überblick zu gewinnen, einen kurzen Streifzug durch die schmalen Straßen der Innenstadt machen.

Wunderschöne Piazza

Im Zentrum kann man bis an den Rand einer der außerordentlichsten Piazzas Italiens fahren, der Piazza dei Martiri. Er ist den Opfern der Resistenza gewidmet. Auf ihn weist die Fassade der im 16. Jahrhundert entstandenen Kirche S. Rocco.

Vor den apricotfarbenen Palazzi sind die Tischchen der Straßencafés aufgereiht. Unter steinernen Lauben kann man an den Auslagen der kleinen, exklusiven Geschäfte entlang schlendern.Rings um den Dom reihen sich prächtige Paläste aneinander, die

INFO

TIEFE SCHLUCHTEN, SANFTE WIESEN

Der Nationalpark der Belluneser Dolomiten wurde 1993 gegründet und umfasst eine Fläche von 320 km². Er befindet sich auf einer Mittel- und Hochebene zwischen den Cismon- und Piave-Tälern, Maetal und dem niedrigen Teil des Agordotales. Das Gebirge besteht aus den Vette Feruch-Monti del Sole (zwischen den Mis- und Cordevole-Tälern), Schiara, Pelf und Talvena.
Das gesamte Gebiet ist außergewöhnlich wild und sehr reich an Kontrasten: tiefe Schluchten und sanfte Wiesen, steile Wände und zerbröckelte Bergspitzen, märchenhafte Wälder und undurchdringliche Latschenkiefernbüsche wechseln sich ab. Von Belluno aus kann man die imposanten Dolomitenwände des Schiara und die Grashügel des Serva erblicken.
Innerhalb des Parks befinden sich zwei künstliche Seen, Mis und La Stua. Die Flora des Gebietes zählt 1500 Exemplare, darunter sehr seltene Pflanzen. Genauso vielfältig ist die Fauna: Man trifft auf Gämse, Rehe und Hirsche, Adler, Auerhuhn und Steinhuhn. Seit einiger Zeit leben auch wieder Raubtiere hier, wie Luchs oder Bär.
Aus jüngerer Zeit findet man die Überreste menschlicher Siedlungen, wie Almen und einfachen Ställen, Maultierpfade, Minen und Mineralmanufakturen für die Produktion von Kalk und die Herstellung von Holzkohle.

in der Spätgotik und der Renaissance erbaut wurden. Mit seinem Laubengang, den Balkonen und Bogenfenstern ist der 1491 erbaute Palazzo dei Rettori auf der Piazza del Duomo einer der edelsten. In dem heutigen Rathaus residierten vom 15. bis zum 18. Jahrhundert unter der Herrschaft Venedigs die Statthalter.

Auch ein Blick in den Dom Santa Maria Assunta aus dem 16. Jh. lohnt sich, vor allem wegen der Krypta. Nach einem Bummel durch das Städtchen, das übrigens das Straßennetz des römischen Bellunum im heutigen Straßenverlauf bewahrt hat, schlendert man über die Piazza delle Erbe und die palastgesäumten Prachtstraßen Via Mezzaterra und Via Rialto zum nördlichen Stadttor, der Porta Doiona. Zurück an der Piazza dei Martiri, verlocken dann die Cafés mit ihrem Blick auf das lebhafte Treiben der Stadt zu einer Pause. Am nördlichen Horizont über der Stadt sieht man die Schiara-Gruppe des Nationalparks der Belluneser Dolomiten. Die Wucht des weiß bedeckten Berges erinnert unwillkürlich an die Landschaft des Himalaja und lockt uns wieder hinaus in die Natur.

Vom Eggental aus ist es nur ein Katzensprung nach Bozen.

Im Winter ist das Gebiet rund um den Passo Pordoi ein Eldorado für Skifahrer.

INFO ROUTE

ETAPPEN:

Bozen (Autobahnausfahrt Nord) – Nova Ponente – Nova Levante – Carezza al Lago – Fassa – Canazei – Passo di Pordoi – Arabba – Livinallongo del Col di Lana – Alleghe – Agordo – Belluno

ANREISE:

Ausgangspunkt Bozen: ab München A 8 bis Inntal Dreieck, A 93/A 12 bis Innsbruck, Brennerautobahn A 13/A 22 bis Bozen-Nord.

LÄNGE: ca. 150 km
DAUER: 2 Tage gemütlich (ab Bozen)

INFORMATION

Südtirol Marketing
Pfarrplatz 11
I-39100 Bozen
Tel. 0039/471/99 38 08
Fax 0039/471/99 38 89
E-Mail info@hallo.com
Internet www.hallo.com

Fremdenverkehrsbüro Belluno
Via R. Psaro 21
I-32100 Belluno,
Tel. 0039/437/94 00 83 4
Fax 0039/437/94 00 73
Internet
www.commune.belluno.it

UNTERKUNFT

Bozen
Rentschnerhof ***
Via Rencio 70
I-39100 Bozen
Tel. 0039/0471/97 53 46
Fax 0039/0471/97 70 98
Mit circa 20 Zimmern ist das Hotel angenehm klein, es liegt in der Nähe der nördlichen Autobahnabfahrt (Ausgangspunkt der Tour).

Carezza
Grand Hotel Carezza ***
Via Carezza al Lago 141
I-39056, Carezza
Tel. 0039/0471/61 21 27
Fax 0039/0471/61 21 30
E-Mail info@granhotelcarezza.it
Internet
www.grandhotelcarezza.it
Ansprechender Hotelpalast direkt an der Passstraße.

Belluno
Hotel Delle Alpi ***
Via Tasso 13
I-32100 Belluno
Tel. 0039/0437/94 05 45
Fax 0039/0437/94 05 65
E-Mail Info@dellealpi.it
Internet www.dellealpi.it
Das Hotel, in der Nahe der Altstadt gelegen, hat eine schön Atmosphäre und ist komfortabel.

ESSEN & TRINKEN

Neben Pizza und Pasta stehen Polenta und Minestrone, Wild und deftige Fleischgerichte auf der Speisekarte. Es gibt Vorspeisen aus einheimischen Produkten (Rüben, Kartoffeln, Kräutern, Käse) sowie Süßspeisen wie Strudel, Kuchen mit Waldbeeren, Quark, Äpfeln oder Pinienkernen – und natürlich Eis.

SEHENSWÜRDIGKEITEN

Nationalpark der Belluneser Dolomiten:
Der Park umfasst eine Fläche von 32 000 Hektar unberührter Natur mit Schluchten, Wäldern, Wiesen und Felsen.

**Parco Nazionale Dolomiti Bellunesi,
Piazzale Zancanaro 1,
I-32032 Feltre,
Tel. 0039/0439/33 28,
Fax 0039/0439/33 29 99,
Internet www.dolomitipark.it.**

Belluno
Einer der außerordentlichsten Plätze Italiens: die Piazza dei Martiri, Laubengänge, Renaissancehäuser, Dom Santa Maria Assunta.

Straßenkünstler in Belluno.

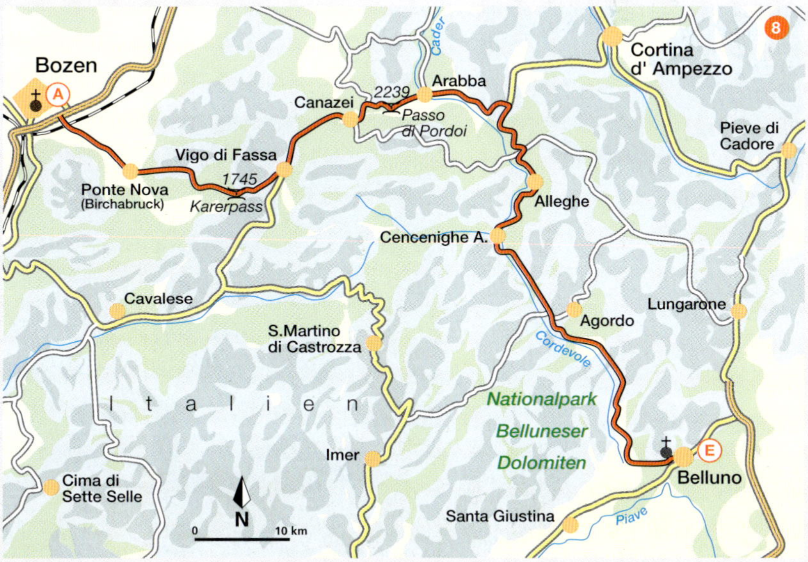

Bild Seite 90: Die Piazza dei Martiri in Belluno.

Audi TT Roadster

BMW Z 3

Mercedes CLK Cabrio 3.2

Audi TT Roadster

Design und Sportlichkeit – der TT Roadster bietet beides. Das Alpenfahren mit ihm macht gleich dreimal Spaß: Man schaut ihn gern an, sitzt gern drin und fährt gern mit. 178 PS bringen den TT auf flotte Fahrt. Große Wendigkeit und jede Menge Kraft- und Sicherheitsreserven machen die TT-Tour zum bloßen Vergnügen. Angenehm: Das neuzeitliche Design von außen und innen!

Mehr Infos unter www.audi.de

BMW Z 3

James Bond hat ihn dereinst vorgestellt – und heute gehört der Z 3 schon zu den Roadster-Legenden. Die Fahrleistungen sind ganz BMW-like üppig – 150 PS sorgen dafür, dass dem Z 3 2.0 kein Pass zu hoch, keine Kehre zu knackig ist. Der Z 3 ist superwendig und auch ein Auto, mit dem man in schmalen Dorfgässchen noch beruhigt unterwegs sein kann. Kult-Auto!

Mehr Infos unter www.bmw.de

Mercedes CLK Cabrio 3.2

Groß und grazil. Das CLK Cabrio ist auch dann ein spannender Begleiter, wenn der Himmel nicht ganz so himmelblau ist – das Interieur ist geschmackvoll und gelungen. Die Fahrleistungen sind rundum beeindruckend, 216 PS und eine Höchstgeschwindigkeit von 236 km/h schlagen zu Buche. Das Auto ist trotz seiner ausladenden Größe wendig und lässt sich bestens durch die engen Alpenstraßen manövrieren.

Mehr Infos unter www.mercedes.de

Nicht ganz billig, aber für sportliche Fahrer das Höchste der Gefühle: der Porsche Carrera 4 Cabrio.

Porsche Carrera 4 Cabrio

Schneller, sportlicher und teurer geht's oben ohne kaum noch. Der Porsche Carrera 4 Cabrio bringt es auf stolze 221 kW, die vor allem auf den Alpen-Passstraßen bestes Fahrgefühl bieten. Ein neu entwickeltes Stabilitätssystem sorgt dafür, dass auch noch so wildes Kurvenfahren dem Carrera 4 nichts anhaben kann – auf gerader Strecke bringt es der Carrera 4 auf immerhin 280 km/h. Was soll man sagen? Ein absolutes Traumauto!

Mehr Infos unter www.porsche.de.

Saab 9-3 Cabriolet Aero

Das Auto für die Wintertour – im Saab wird's auch im tiefsten Winter nie so richtig frisch: zu gut haben die schwedischen Autobauer die Aerodynamik konzipiert. Der Thermo-Wohlfühlfaktor an Bord des Saab 9-3 Cabrios sinkt erst ab minus 10 °C. Wie viel ein sanfter Druck aufs Gaspedal bewegen kann, demonstriert das Aero-Modell mit alpenidealen Beschleunigungswerten.

Mehr Infos unter www.saab.de

Toyota MR 2 Roadster

Alles Überflüssige ist an diesem Auto weggelassen worden – selbst der Kofferraum. Wer in die Alpen fährt, muss sich eben aufs Nötigste beschränken, bekommt dafür aber einen wahren Traum an Sportlichkeit geboten. 139 PS reichen dem Blickfang-Roadster mit spannendem Design für Go-Kart-Feeling vom Allerfeinsten – das Antriebskonzept stammt ja auch aus der Formel 1… Fazit: ein quirliger Japaner mit deutlicher Ambition zum lebenslangen Lieblingsauto!

Mehr Infos unter www.toyota.de

VW Käfer Cabrio

Die etwas andere Art, die Alpen zu erleben. Ein robuster Viertakter, satte 43 PS und der schöne Charme der guten sechziger und siebziger Jahre begleiten den Käfer-Fahrer auf seiner Reise durch die Alpen. Die wird wohl etwas beschaulicher ausfallen als mit den neuen PS-Wundern, hat aber in Sachen Erlebnisfaktor einiges mehr zu bieten. Kontrastprogramm-Kutsche!

Mehr Infos unter www.oldbeetle.de

Saab 9-3 Cabriolet Aero

Toyota MR 2 Roadster

VW Käfer Cabrio

Wenn die Luft um die Ohren saust, macht das Fahren gleich mehr Spaß.

Zwischenstopp an der Großen Dolomitenstraße kurz hinter Bozen.

DIE AUTORIN
Petra Gagel, 1976 geboren, ist Kommunikationswissenschaftlerin (M.A.) und Journalistin bei verschiedenen Tageszeitungen und begeisterte Cabrio-Fahrerin.

Lektorat: Dr. Harald Kämmerer
Layout und Satz: Ruth Kammermeier, München
Herstellung: Thomas Fischer
Kartografie: Anneli Nau, München
Repro: Scanner Service S.r.l.

BILDNACHWEIS
Alle Fotos auf dem Cover und im Innenteil von Petra Gagel, Thilo Kreier und Malte Wernig
Titelbild: Mit dem Cabrio in der Südtiroler Bergwelt unterwegs.
Umschlagrückseite: Prachtvolles Gebirgspanorama in Obberbayern.

Die Deutsche Bibliothek – CIP Einheitsaufnahme

Ein Titeldatensatz für diese Publikation ist bei Der Deutschen Bibliothek erhältlich.

Alle Angaben in diesem Werk hat der Autor sorgfältig recherchiert und auf den aktuellen Stand gebracht. Sie wurden vom Verlag geprüft. Für die Richtigkeit der Angaben kann jedoch keine Haftung übernommen werden. Für Hinweise und Anregungen sind wir jederzeit dankbar. Bitte richten Sie diese an:

J. Berg Verlag
Produktmanagement
Postfach 800240
D-81673 München
E-Mail: lektorat@j-berg-verlag.de

Die Deutsche Bibliothek – CIP-Einheitsaufnahme
Ein Titeldatensatz für diese Publikation ist bei der Deutschen Bibliothek erhältlich.

Neu bearbeitete Ausgabe
2007 © 2005 J. Berg Verlag in der
C.J. Bucher Verlag GmbH, München
Überarbeitete Neuauflage des 2001 erschienenen Titels in der Bruckmann Verlag GmbH, München

Printed in Italy by
Printer Trento S.r.l.
ISBN 978-3-7658-4192-7